As Folhas Caem Suavemente

Susan Bauer-Wu

As Folhas Caem Suavemente

Tradução de
Denise Sanematsu Kato

Palas Athena

Título original: Leaves Falling Gently
Copyright © 2014
Coordenação editorial: Lia Diskin
Capa e projeto gráfico: Vera Rosenthal
Revisão: Lucia Benfatti
Produção e Diagramação: Tony Rodrigues

Dados Internacionais de Catalogação na Publicação (CIP)
(Câmara Brasileira do Livro, SP, Brasil)

Bauer-Wu, Susan
   As folhas caem suavemente / Susan Bauer-Wu ; prefácio de Joan Halifax ; [tradução Denise Kato]. -- 1. ed. -- São Paulo : Palas Athena, 2014.

Título original: *Leaves falling gently*

1. Conduta de vida 2. Medicina alternativa 3. Medicina tradicional 4. Meditação 5. Saúde - Promoção I. Halifax, Joan. II. Título.

14-12279   CDD-615.852

Índices para catálogo sistemático:
1. Meditação : Bem-estar e saúde : Terapias alternativas :
Ciências médicas 615.852

1ª edição, novembro de 2014
Todos os direitos reservados e protegidos
pela Lei 9610 de 19 de fevereiro de 1998.
É proibida a reprodução total ou parcial, por quaisquer meios,
sem a autorização prévia, por escrito, da Editora.

Direitos adquiridos para a língua portuguesa por Palas Athena Editora
Alameda Lorena, 355 – Jardim Paulista
01424-001– São Paulo, SP – Brasil
Fone (11) 3266-6188
www.palasathena.org.br
editora@palasathena.org.br

Para Florence e Bill

Agradecimentos

Este livro é o resultado de décadas de aprendizado e crescimento proporcionados por experiências pessoais, profissionais e acadêmicas, e por pessoas extraordinárias, que enriqueceram minha vida ao longo do caminho. Embora não seja possível agradecer a todos que deixaram suas marcas nestas páginas, sinto-me especialmente em dívida com algumas pessoas, às quais gostaria de expressar minha sincera gratidão:

Aos meus pais, Florence e Bill Bauer, cujos exemplos de amor, generosidade e experiência com doenças limitantes lançaram as primeiras sementes para este livro.

Aos inúmeros pacientes e famílias cuja caminhada tive o privilégio de acompanhar, à medida que enfrentavam desafios inerentes a seus problemas de saúde. As experiências compartilhadas por eles me fortaleceram e me inspiraram a dar continuidade a este trabalho tão significativo.

Àqueles que leram os rascunhos deste livro – capítulos ou até mesmo o livro todo – e contribuíram e me apoiaram de modo inestimável: Melissa Blacker, pelo feedback claro e crítico sobre a definição mais eficaz para transmitir o sentido de mindfulness; Angela Epshtein, pelas intervenções certeiras e extraordinariamente úteis à edição; John Wu, meu marido, por ler cada palavra, compartilhar seus insights tão sensíveis e contribuir com sugestões práticas; e Rachael Whitworth, pela presença constante, amável e atenção a cada detalhe.

À maravilhosa equipe da New Harbinger, principalmente Angela Autry Gorden, Catharine Meyers, Jess Beebe, Kayla Sussell e Melissa Valentine. Suas orientações, contribuições e compreensão foram extremamente úteis e fizeram com que minha primeira experiência como escritora (não acadêmica) fosse surpreendentemente prazerosa.

À Joan Halifax Roshi, querida amiga e mestra. Sua sábia orientação, atitude sempre bem fundamentada e bom humor incentivaram-me a atingir meu potencial e continuar, com alegria, no caminho do servir.

Ao corpo docente do Upaya Institute and Zen Center "Being with Dying": Roshi Joan, Tony Back, Cynda Rushton, Gary Pasternak, Mary Taylor e Donna Kwilosz. Nosso trabalho conjunto nutre e fortalece o valor das práticas contemplativas e o poder do silêncio compassivo.

A Dan Siegel, por me "cutucar" na medida certa, na hora certa, para que eu não desistisse de escrever este livro. Seu entusiasmo abriu uma porta dentro de mim e permitiu que o livro se tornasse realidade.

Aos meus colegas e alunos da Emory University, em Atlanta, Georgia, onde o espírito de cooperação e o ambiente estimulante de aprendizado e ensino continuam me energizando. Agradeço sinceramente a todos com quem trabalho na equipe das seguintes instituições: Nell Hodgson Woodruff School of Nursing, Emory Collaborative for Contemplative Studies, Emory-Tibet Science Initiative e Winship Cancer Institute. Um agradecimento especial a Larry Barsalou, John Dunne e Stephanie Grossman pela amizade preciosa.

Agradecimentos

A Jon Kabat-Zinn, Saki Santorelli, Melissa Blacker e Florence Meleo-Meyer pela visão e esforços incansáveis para fundar e desenvolver o University of Massachusetts Center for Mindfulness in Medicine, Health Care and Society, e por todo o apoio e orientação.

Aos estimados amigos e colegas que tanto me apoiaram, sem se esquecerem de mim quando a distância ou as circunstâncias eram inevitáveis: Katherine Brown-Saltzman e Janice Post-White pelas "escapadas" para o spa das meninas a cada dois anos (antigos "retiros para escritores") e danças com golfinhos no Havaí; Mary Cooley, por ser uma colaboradora tão querida e impecável; Adam Engle por não desgrudar de mim em uma de nossas trilhas (mesmo a 5.486 metros); Lynn Kutler, pelo coração amável e dedicação profunda à disseminação de mindfulness; Rolf Ludwig, pelas calorosas conversas regadas a cerveja alemã e por me chamar carinhosamente de "Bauerle"; Arti Prasad, por toda a atenção e dedicação à promoção da medicina integrativa; Elana Rosenbaum, pela "joie de vivre" em todas as aventuras em que embarcamos nos últimos doze anos (Retiros de Renovação, grupo "Hope Lodge", pesquisas com pacientes submetidos a transplantes de medula óssea, e muito mais); Celia Schiffer, Ellen Lavoie Smith, Suzanne Hanser e Amy Sullivan, pela amizade fiel; Tenzin Sonam, meu irmão tibetano, pela sinceridade e por fazer estrelas acrobáticas comigo na cordilheira; Sharon Tucker, pelos conselhos dignos de confiança durante longos telefonemas; e Jan Zeller, por ter sido meu mentor espetacular e, desde então, um querido amigo.

À minha maravilhosa família, pelo amor e apoio em todos os diversos capítulos de minha vida; aos meus irmãos Margie, Billy, Robin e John; minha cunhada Lori; meus cunhados Chris e Bob; minhas primas, principalmente Cathy e Linda; e meus sobrinhos incríveis – Chris, Sean, Matt, Jason, Jordan, Dan, Tom e Nick; à doce e graciosa Tia Elinore; ao firme e forte Tio Butch; meu querido Tio Howard, pelos telefonemas divertidos, repletos de sabedoria do Brooklyn; e minhas adoráveis enteadas, Marissa e Adrienne – como é bom estar com vocês, que preenchem minha vida de alegria e orgulho.

E, finalmente, meu companheiro e melhor amigo, John, cujo amor incondicional, coração repleto de bondade, brilhantismo e espírito generoso reluzem intensamente e me ajudam a ver com clareza o que há de mais importante.

ÍNDICE

AGRADECIMENTOS 9
PREFÁCIO 15
PREFÁCIO DA EDIÇÃO BRASILEIRA 19
INTRODUÇÃO 23

PARTE 1 – Mindfulness
1 O QUE É MINDFULNESS? 35
2 EM SINTONIA COM O PRÓPRIO CORPO 53
3 PENSAMENTOS INÚTEIS E EMOÇÕES AVASSALADORAS 67
4 ESCUTE E OLHE: POR DENTRO E POR FORA 79
5 ATIVIDADES DIÁRIAS - ACEITANDO MUDANÇAS 95

PARTE 2 – Compaixão
6 ABRINDO A PORTA: COMPAIXÃO, BONDADE E PERDÃO ... 113
7 EXPANDINDO A GENEROSIDADE E COMPARTILHANDO
    A ALEGRIA DO OUTRO 125
8 LEMBRE-SE DE AGRADECER 135

PARTE 3 – Empatia
9 ACEITANDO AJUDA 149
10 COMUNICANDO-SE COM MINDFULNESS E SINCERIDADE .. 159
11 SEM PALAVRAS: O PODER DA PRESENÇA E DO TOQUE ... 167
12 FLORESCENDO NO AQUI E NO AGORA 177

RECURSOS 183
REFERÊNCIAS 185

Prefácio

As Folhas Caem Suavemente – Como Mindfulness, Compaixão e Empatia Podem nos Ajudar a Viver em Plenitude, Mesmo Diante de Doenças Graves e Limitantes, de autoria de Susan Bauer-Wu, é um livro cheio de sabedoria e muito útil, que abre três importantes portas para todos nós, inclusive aqueles que convivem com uma doença limitante: a porta de mindfulness, a porta da compaixão e a porta da empatia. Em cada uma dessas áreas a Dra. Bauer-Wu apresenta evidências científicas convincentes, histórias sensíveis de pacientes e práticas acessíveis de reflexão, dando credibilidade à importância de cuidarmos da mente, do corpo, do coração e de nós mesmos na jornada de convívio com a doença.

À luz deste livro excepcional é importante lembrar que apenas 10% da população morrerá subitamente. O restante se deparará com muitas escolhas sobre como viver com a doença e como vivenciar a própria morte. Muitos anos de experiência conferiram à Dra. Bauer-Wu uma posição privilegiada para nos mostrar o caminho para as portas de mindfulness, compaixão e empatia. Enfermeira na área de cuidados paliativos, a Dra. Bauer-Wu trabalha como cientista clínica (realizando pesquisa de base sobre a eficácia da prática de mindfulness em pacientes submetidos a transplantes de células-tronco) e é praticante de meditação há muitos anos. Essa rara formação em medicina, pesquisa em neurociências e meditação traz ao leitor uma grande riqueza de experiências e uma sabedoria profundamente genuína. Sua coragem ao explorar essa nova área é inegável.

Além disso, graças ao conhecimento adquirido em primeira mão sobre os benefícios profundos das práticas de mindfulness e de compaixão em indivíduos com doenças extremamente graves e debilitantes, Susan Bauer-Wu conseguiu desenvolver práticas de reflexão específicas para pacientes com doenças limitantes. Muitas dessas práticas também poderão ser úteis para médicos e cuidadores.

Logo no início do livro, a Dra. Bauer-Wu faz a seguinte pergunta: "O que significa viver em plenitude?" E responde à preciosa pergunta dizendo que viver em plenitude é ter paz de espírito; também significa valorizar a vida e estar aberto a todas as possibilidades. Sugere que para vivermos em plenitude precisamos ter curiosidade pela jornada da vida, cultivar uma certa tranquilidade e perceber o significado da vida, apesar dos percalços e reviravoltas que possam surgir no caminho. Também destaca a importância de aceitarmos tudo na vida, inclusive as dificuldades – ainda que isso implique encarar nossa própria morte. Se este for o caso, deveremos viver a morte em plenitude.

À medida que o livro avança, aprendemos que é normal nos depararmos com obstáculos ao longo da jornada. Ainda assim, ele nos convida a compreender que tais obstáculos não são simplesmente as circunstâncias externas. Na realidade, os obstáculos são a forma como reagimos às circunstâncias. Graças à sua pesquisa e por trabalhar diretamente com pacientes, a Dra. Bauer-Wu encontrou na prática de mindfulness uma das formas mais poderosas de lidar com os desafios da vida.

Ao longo do livro, aprendemos que mindfulness está conectada à experiência de compaixão. Quando percebemos que a compaixão é um caminho, uma prática e uma realização, a Dra. Bauer-Wu lembra-nos, de forma habilidosa, que mindfulness é o meio para sentirmos compaixão. Quando mindfulness e compaixão se unem, temos a possibilidade de sermos inteiros e de vivermos nossa vida em plenitude, apesar das mudanças associadas à doença.

A Dra. Bauer-Wu chama nossa atenção para um fato interessante: as palavras "medicina" e "meditação" originam-se da palavra latina "mederi", que significa "cuidar". Este livro maravilhoso é um manual que nos mostra como cuidar de nós mesmos e viver em plenitude e, consequentemente, como cuidar do mundo, enquanto nos deparamos com uma doença.

Joan Halifax, PhD
Upaya Institute
Santa Fé, Novo México, EUA

Prefácio da edição brasileira

Susan Bauer Wu nos faz um convite, um convite para revisitarmos o que já está presente, a atenção ao momento, a autocompaixão e a possibilidade real de vivermos nossas vidas plenamente.

Uma frase atribuída a Jung diz: "Um caminho é apenas o caminho quando alguém o encontra e o segue por si mesmo. Não existe prescrição geral para como fazer". E é isto que este livro nos traz, de forma delicada e ao mesmo tempo profunda, a possibilidade de um caminho pessoal baseado em nossa capacidade inata de encontrarmos paz e tranquilidade, mesmo nos momentos mais difíceis de nossas vidas.

"O que significa viver plenamente?" Susan responde à preciosa pergunta dizendo que "viver plenamente significa viver com tranquilidade, contentamento, curiosidade e com um propósito. Aceitar tudo o que a vida tem a oferecer – tanto os prazeres como os sofrimentos – e estar aberto às infinitas possibilidades de viver um dia após o outro. Significa dizer 'sim' àquilo que é possível, apesar da fragilidade, da incapacidade ou até mesmo da morte iminente".

Mas será realmente possível viver plenamente face às dores e as dificuldades que conviver com uma doença grave nos remete?

Segundo Susan, sim! Aprendendo que é normal nos depararmos com obstáculos ao longo da jornada. Ela nos convida a compreender que tais obstáculos não são simplesmente as circunstâncias externas. Na realidade, os obstáculos são a forma como reagimos às nossas circunstâncias. Facilitando este entendimento, um dos conceitos principais que permeiam a obra é o de Mindfulness, que se traduz como a possibilidade de estarmos realmente atentos à nossa realidade presente, nos lembrando de quem somos, porém sendo receptivos a estas experiências, sejam negativas ou desagradáveis.

Para que isso de fato ocorra, é essencial experimentar e praticar. Susan sugere em cada capítulo, práticas experimentais essenciais, entre elas o cultivo da compaixão e qualidades interpessoais relacionadas – como bondade, perdão, generosidade, alegria empática e gratidão. Segundo a autora estas práticas "podem ajudar seu coração a se abrir e curar. Mindfulness e compaixão fundem-se para criar uma forte conexão – entre você e sua sabedoria interna, com as pessoas importantes em sua vida, outras pessoas próximas ou até mesmo distantes, que possam estar sofrendo também – além da conexão com um ser superior, como Deus".

Outro conceito fundamental é o de florescer. Florescer significa expandir, prosperar e crescer vigorosamente. Você pode se perguntar como seria possível expandir e crescer neste momento de sua vida. Talvez não possa mais fazer as mesmas atividades físicas de antes (como praticar exercícios ou trabalhar), ou até mesmo atividades mentais, como lembrar-se de fatos ou fazer cálculos. Mesmo assim, você ainda pode viver cada dia com curiosidade e obter novos insights sobre si mesmo e sobre o mundo ao redor, e poderá também deixar suas "impressões digitais" nas pessoas e coisas que tocar. Explorar o que dá significado à sua vida permitirá que você floresça e deixe um legado que jamais será esquecido. Outras formas de florescer incluem a flexibilidade e a disposição para tentar coisas novas: atividades gratificantes e agradáveis; manter relacionamentos que trazem apoio e confiança; expressar-se com sinceridade; fazer uma parceria com a equipe que cuida de sua saúde; estabelecer uma conexão espiritual, inclusive com a natureza; e preencher o dia com diversão e muitas risadas. Florescer no aqui e no agora significa viver plenamente neste momento – reconhecendo aquilo que é realmente importante, a vivacidade e satisfação nas coisas simples da vida, e a bondade, amorosidade e alegria no relacionamento com os outros.

Em nossa experiência no Centro de Oncologia e Hematologia Dayan Daycoval do Hospital Israelita Albert Einstein, temos presenciado com nossos pacientes e cuidadores esta vivência de conexão com a Vida, diariamente. É sim uma possibilidade real, nem sempre vivida em sua plenitude, mas um caminho inato e presente em todos os momentos do tratamento.

Este livro traz aos nosso pacientes, familiares, cuidadores e profissionais de saúde o relembrar deste importante recurso de autocura e sobretudo a possibilidade de nos conectarmos com a Vida através da compaixão e o amor. Susan nos lembra que "Embora a compaixão seja obviamente focada no outro, é importante reconhecer também o valor da autocompaixão. A compaixão com si próprio é a base para a compaixão com os demais".

Fica aqui o convite de percorrermos este caminho, que através da atenção ao momento presente, ancorados na autocompaixão, com a escolha de nos conectarmos a nossas Vidas momento a momento, nos trará de volta a nós mesmos.
Leitura e prática obrigatória a todos nós, sejam bem-vindos!

Paulo de Tarso Ricieri de Lima

Médico responsável pelo Grupo de Medicina Integrativa do Centro de Oncologia e Hematologia Dayan Daycoval do Hospital Israelita Albert Einstein.
Coordenador do Curso de Pós-Graduação em Bases da Medicina Integrativa do Instituto Israelita de Ensino e Pesquisa – HIAE.

Introdução

Basta. Estas poucas palavras são suficientes.
Se as palavras não forem, então esta respiração.
Se não a respiração, então o estar sentado aqui.
Esta abertura para a vida
Que recusamos
De novo e de novo
Até agora.
Até agora.
– David Whyte

Gary, um empresário bem-sucedido cuja personalidade (segundo ele mesmo) era do Tipo A, tinha cinquenta e oito anos ao descobrir que o câncer com o qual convivia há tempos havia progredido e que as opções de tratamento disponíveis ofereciam pouca esperança de remissão a longo prazo. Sabia que, de fato, seu tempo de vida era limitado. Sua mente ficava agitada, imersa em preocupações sobre quanto tempo de vida lhe restaria, até que ponto conseguiria concluir seus projetos, o que aconteceria com a família e com os negócios, como seu corpo reagiria à progressão da doença e como morreria. Passou a ficar mais frustrado com as limitações físicas cada vez maiores. Raiva, irritação, tristeza e ansiedade impregnavam os momentos em que estava acordado; sentia-se desconectado do mundo ao seu redor e daqueles que mais amava. Percebendo que não era assim que queria viver os preciosos meses ou anos que lhe restavam, partiu em busca de uma forma para obter paz de espírito, encontrar sentido na vida e conseguir um pouco de controle em meio a tanta inquietude e incerteza. Incentivado pela esposa, Christine, e pela equipe que cuidava de sua saúde, Gary começou a participar de um programa que ensinava práticas de mindfulness e de meditação compassiva. Várias semanas depois, compartilhou sua perspectiva: "O programa mudou toda minha qualidade de vida e as práticas de meditação tornaram-se um ritual diário. É uma das partes mais importantes do meu restabelecimento. Aliviou minha ansiedade e aumentou minha sensação de controle. Ao meditar, sinto-me relaxado e revitalizado. Quanto mais pratico, mais calmo fico. Antes, eu vivia estressado com as coisas. Agora, concentro-me no prazer do momento e os dias não me atormentam mais – mesmo quando me sinto muito mal".

As Folhas Caem Suavemente é um livro para qualquer pessoa que conviva com uma doença limitante e queira realmente aproveitar a vida ao máximo. O termo "limitante" refere-se a doenças graves e progressivas, que limitam a qualidade e o tempo de vida. Com exercícios práticos e simples, este livro enriquecerá seus últimos anos, meses e dias com sua sabedoria. Proporcionará mais paz de espírito, conforto e empatia com os outros e com aquilo que dá significado à vida. Mais especificamente, exploraremos o uso de práticas de mindfulness e compaixão, inclusive reflexões pessoais e meditações guiadas voltadas ao cultivo de uma mente pura e equânime; vivacidade em experiências diárias; e as qualidades interpessoais de gratidão, generosidade, perdão e amor. O objetivo deste livro é ajudá-lo a se sentir saudável e viver bem, apesar das mudanças e dos desafios que fogem ao seu controle e, em última instância, permitir que você deixe esta vida com serenidade.

A PERSPECTIVA DA AUTORA

O ímpeto de escrever este livro surgiu da combinação de minha experiência profissional como enfermeira na área de oncologia e cuidados paliativos, de instrutora de cursos MBSR (Mindfulness-Based Stress Reduction Program – Programa de Redução de Estresse Baseado em Mindfulness) e de pesquisadora de temas sobre mente-corpo, com interesse específico nas aplicações clínicas da meditação em doenças graves e com tempo de vida limitado. Trago também a experiência pessoal de alguém que pratica mindfulness e meditação da compaixão há muitos anos, e que trilhou o caminho de doenças devastadoras e vivenciou a morte com familiares e amigos íntimos. Testemunhei, inúmeras vezes, os benefícios das práticas de mindfulness e de compaixão, e ouvi depoimentos daqueles que passaram por transformações positivas. As meditações e outras práticas de reflexão descritas neste livro foram especialmente adaptadas para pessoas que enfrentam os desafios físicos, mentais e espirituais característicos das doenças limitantes. Tais práticas foram adotadas com sucesso no contexto clínico e científico, não apenas por mim, mas por meus colegas e outros profissionais.

COMO VIVER COM UMA DOENÇA LIMITANTE

Encarar de frente aquilo que geralmente é considerado uma doença incurável pode ser avassalador no sentido mais amplo da palavra. Fisicamente, as atividades diárias requerem mais energia e, por mais que você se esforce, talvez não consiga dar conta daquilo que costumava fazer e até precise da ajuda dos outros. É possível que sinta desconforto, dores, náusea ou fadiga extrema. Mentalmente, pode ser que tenha que lutar contra sua indisposição e aceitar o fato de que não conseguirá superar a doença e se curar. Talvez sua mente esteja tomada pelo medo do desconhecido e do futuro, ou arrependida por coisas que você fez ou deixou de fazer. É possível que você se sinta tão ansioso com o pouco tempo que lhe resta que até fique paralisado por essa ansiedade. Também poderá sentir-se triste ou deprimido por todas as mudanças e perdas que o esperam. Espiritualmente, talvez queira tentar entender ou questionar o que está acontecendo com você. Poderá se interessar em explorar o sentido de sua vida e pensar melhor sobre a morte. Socialmente, perceberá que as relações com seus entes queridos e amigos estão mudando – tornando-se mais distantes ou mais próximas. Talvez tenham que descobrir um novo jeito de se divertirem juntos, de tornarem-se mais íntimos e encontrarem uma maneira de ter aquelas conversas delicadas, porém necessárias.

É POSSÍVEL VIVER EM PLENITUDE

O que significa *viver em plenitude*? Embora a resposta varie de uma pessoa a outra, gostaria de apresentar a definição que usarei na orientação deste livro: "Viver em plenitude" é viver com tranquilidade, contentamento, curiosidade e intenção. Aceitar tudo o que a vida tem a oferecer – tanto os prazeres como os sofrimentos – e estar aberto às infinitas possibilidades de viver um dia após o outro. Significa dizer "sim" àquilo que *é* possível, apesar da fragilidade, da incapacidade ou até mesmo da morte iminente.

É totalmente compreensível sentir-se assoberbado, embora seja opcional. Ainda é possível viver em plenitude, apesar de tudo.

Obstáculos para uma Vida em Plenitude

Os obstáculos mentais e emocionais mais comuns acabam impedindo que você viva em plenitude. Por exemplo, você pode se sentir paralisado pelo medo de piorar ainda mais e morrer, ou sentir-se consumido pela doença e pelo tratamento. Talvez também resista, com raiva, às mudanças que estão além de seu controle, erguendo muralhas entre você e as pessoas mais importantes de sua vida, escondendo-se do mundo, vivendo no passado, julgando e considerando inadequadas suas próprias ações e capacidades (bem como as dos outros), e focando em tudo o que há de errado com você e com sua situação. Na realidade, tais obstáculos são internos: são construções mentais e reações emocionais que só pioram a situação. São obstáculos que obscurecem seus valiosos momentos de vida.

Superando Obstáculos Mentais e Emocionais

Aprender a viver em plenitude, superando obstáculos mentais e emocionais pelo cultivo de mindfulness, compaixão e empatia é a essência deste livro.

Mindfulness

Mindfulness significa prestar atenção, intencionalmente, ao momento presente com um espírito de curiosidade e abertura. É um modo de ser que implica ter consciência daquilo que você está vivenciando no momento, não importa o que seja: por meio dos cinco sentidos, de sensações corporais internas, pensamentos e emoções – e tudo isso com uma atitude receptiva e amável. Simplesmente observar as coisas como são, sem incluir histórias, sem julgar as experiências como boas ou ruins, sem se apegar ao que você gosta ou teme perder, sem afastar o que não gosta.

A qualidade de mindfulness pode ser cultivada a partir de práticas formais (por exemplo, quando nos conscientizamos intencionalmente de nossa respiração e entramos em sintonia com as sensações do corpo) e informais (quando estamos conscientes de atividades diárias, como escovar os dentes, alimentar-se, caminhar ou lavar a louça). O desenvolvimento de mindfulness leva ao surgimento de qualidades mentais e emocionais positivas. Passamos a ver as coisas com mais clareza. Assim como o yoga deixa o corpo mais flexível, a prática de mindfulness deixa a mente mais flexível e mais capaz de seguir o curso natural das coisas. O estado de mindfulness nos proporciona equilíbrio emocional, com poucos altos e baixos, e com abertura e curiosidade para o que vier em seguida. Conseguimos perceber quando a mente puxa-nos para baixo, em uma espiral de pensamentos negativos, ou quando estamos ludibriados por outros obstáculos mentais. Em vez de reagirmos automaticamente, respondemos com mais cuidado, aumentando a probabilidade de aceitarmos o que está acontecendo no momento.

A meditação em mindfulness e outras abordagens que cultivam mindfulness já existem há milênios. Entretanto, sua integração no contexto médico ocidental convencional ocorreu somente há pouco mais de trinta anos, a partir do programa MBSR (Mindfulness-Based Stress Reduction – Programa de Redução de Estresse Baseado em Mindfulness), instituído por Jon Kabat-Zinn e seus colegas da Faculdade de Medicina da Universidade de Massachusetts, em Worcester. As evidências científicas aumentam cada vez mais (Bohlmeijer et al., 2010; Grossman et al., 2004; Ledesma e Kumano, 2009) e, consequentemente, programas MBSR vêm sendo aplicados em centenas de contextos clínicos, em todos os continentes (com exceção da Antártida). As práticas de mindfulness descritas neste livro basearam-se no programa MBSR, mas foram expandidas e modificadas especialmente para aqueles que convivem com doenças graves.

Compaixão

Para que haja compaixão é necessário abrir o coração. Trata-se do desejo genuíno de aliviar o sofrimento mental e físico – seu e dos outros. À medida que a compaixão se expande, a bondade, a alegria e a receptividade também são fortalecidas. A compaixão abranda o escudo que reveste seu coração. Você pode cultivar a compaixão a partir da reflexão pessoal, das meditações do "coração" e do perdão, e de atos de bondade e altruísmo. Pesquisas recentes revelam os benefícios do cultivo da compaixão e da bondade na saúde e no bem-estar (Pace et al., 2009; Fredrickson et al., 2008). Em meu trabalho com pacientes extremamente doentes tenho observado o enorme poder que essas abordagens têm de penetrar no coração e gerar sentimentos de amor, gratidão, generosidade, perdão e felicidade na vida dos outros. Isso me faz lembrar de uma moça chamada Mary. Ela descobriu que, com o passar do tempo e com a prática, conseguira "amolecer" a rígida casca que revestia seu coração e perdoar e expressar sua gratidão às pessoas que amava. Foi um tremendo alívio para Mary e, depois disso, ela conseguiu aproveitar melhor a vida e sentir-se mais conectada com a família e os amigos.

Empatia

Juntas, mindfulness e compaixão formam, naturalmente, o solo fértil para que a empatia floresça – conectando-nos a tudo o que dá significado à vida: a família e os amigos, os simples prazeres e prioridades pessoais, a natureza e o mundo em geral. De maneira coletiva e com sinergia, a consciência (mindfulness), o coração aberto (compaixão) e a empatia ajudam-nos a nos sentirmos inteiros.

Cura e Sensação de Integridade

A integridade está ligada à cura. Na realidade, no idioma inglês os termos "inteiro" e "cura" originam-se da mesma palavra. *Cura* pode ser definida como a recuperação da totalidade e integridade de uma pessoa. Portanto, mesmo que você não possa se curar no sentido biomédico tradicional (por exemplo, livrando-se de qualquer sinal de doença), é totalmente possível restabelecer-se e sentir-se inteiro, mesmo que seu corpo físico não funcione mais como antes ou restem-lhe apenas poucos dias de vida. Quando você se sente inteiro, suas experiências e relacionamentos são mais ricos, emocionantes e significativos. Basicamente, você vive plenamente.

COMO USAR ESTE LIVRO

Este livro está organizado em três partes: "Mindfulness," "Compaixão" e "Empatia". Cada parte contém capítulos que exploram tópicos específicos e incluem informações e práticas de vivências dirigidas. Cada capítulo destaca questões vividas por pacientes com doenças limitantes e inclui exercícios simples e práticos. Compartilharei relatos de pessoas reais para mostrar como outros indivíduos que estão passando por uma experiência semelhante aprenderam e cresceram com essas práticas. Darei também informações sobre pesquisas na área clínica e de neurociências para explicar como tais abordagens contemplativas funcionam e como podem beneficiá-lo.

Recomendo que você leia e pratique uma parte do livro de cada vez, pois cada uma se baseia na anterior. Por exemplo, comece com a Parte 1, "Mindfulness." Ter uma base de mindfulness é essencial para desenvolver compaixão (a Parte 2 é sobre "Compaixão"). Juntas, mindfulness e compaixão permitem que a empatia (Parte 3) floresça. Recomendo que você leia o livro inteiro, na sequência e, posteriormente, vá direto aos capítulos que tenha interesse em reler.

Uma Prática Secular, Não Religiosa

Note que os princípios e exercícios guiados apresentados neste livro são seculares e não se referem a qualquer religião em particular. Embora mindfulness, compaixão e empatia sejam fundamentais à filosofia budista, este não é um livro sobre budismo ou sobre qualquer religião. Qualquer pessoa pode apreciar e se beneficiar do cultivo dessas qualidades humanas básicas, compartilhadas por tantas religiões e culturas.

De forma semelhante, neste livro o termo *meditação* pode ser interpretado mais genericamente como "prática de reflexão" do que como uma técnica específica. É interessante observar que as palavras "meditação" e "medicina" vêm da mesma raiz (a palavra *mederi*, em latim, que significa "cuidar"). Assim, podemos dizer que as práticas de meditação são uma forma de cuidar de si próprio, com bondade e delicadeza.

A Experiência e a Prática são Essenciais

Cada capítulo inclui práticas experimentais essenciais, que consistem em meditar e anotar suas reflexões. Para essas práticas, sugiro que você *leia, faça uma pausa, pratique* e *reflita*.

Leia	Leia cada frase.
Faça uma Pausa	Faça uma pausa para absorver as palavras.
Pratique	Sinta o que as palavras lhe transmitem e, em seguida, passe para a próxima frase ou item.
Reflita	Pense nos novos insights que você pode ter obtido com a prática.

Não basta simplesmente ler as práticas de meditação e de redação. Para se beneficiar, você precisa vivenciá-las e praticá-las. É por isso que são chamadas de *práticas*. Quanto mais praticar, mais você entrará em contato com essas qualidades e poderá aprimorá-las. Mais adiante, elas serão uma extensão natural de quem você é. Pesquisas confirmam a associação direta entre a prática e o benefício (Carmody e Baer, 2008). Ao fazer os exercícios você *será* mais *mindful*, mais compassivo e, consequentemente, mais conectado – e isso permitirá que você se sinta mais inteiro e possa usufruir a vida plenamente.

Parte 1

MINDFULNESS

1

O QUE É MINDFULNESS?

A qualidade de nossa experiência, a cada momento, determinará a qualidade de nossas vidas.
– Matthieu Ricard

Mindfulness é nossa capacidade de trazer, intencionalmente, a consciência para a experiência do momento presente, com uma atitude de abertura e curiosidade. É estar desperto para a plenitude de nossas vidas neste exato momento, envolvendo os cinco sentidos e observando as mudanças em nossos cenários mentais, sem nos apegarmos ou nos afastarmos de qualquer um deles.

Mindfulness é um modo de ser e de se relacionar com si próprio, com as circunstâncias, com os outros e com o mundo ao redor. Na verdade, é uma qualidade inerente ao ser humano. Observe uma criança deliciando-se com uma casquinha de sorvete ou acariciando um cãozinho. De modo natural, ela está totalmente imersa na experiência de sentir o sorvete na língua, doce e geladinho, ou na sensação de tocar a pelagem macia do cãozinho, enquanto olha para ele. A criança não está fazendo força para ser *mindful* – simplesmente *é mindful*. Entretanto, à medida que crescemos, geralmente perdemos contato com o frescor e a curiosidade que acompanham as experiências da vida, uma vez que tais experiências acabam condicionando nossas mentes, preenchendo-as com expectativas, fatos, regras, planos, preocupações, arrependimentos e fantasias. A vida atribulada na sociedade moderna, ao mesmo tempo tão *high-tech* e tão impessoal, acaba impedindo-nos de vivenciar nosso dia a dia na totalidade. Mindfulness consiste em lembrar quem somos nós e ser receptivo às experiências, sejam agradáveis ou não. Mindfulness é voltar para dentro de nós mesmos e para a verdade de nossas vidas neste momento, com abertura, bondade e aceitação.

Quando você tem um problema grave de saúde é fácil ser tomado pelas emoções e começar a se perguntar "Por quê?", "E se...?" e ser levado pela tempestade mental. Mindfulness pode ajudá-lo a se centrar no que está acontecendo agora para que depois você possa reagir e tomar decisões fundamentadas e coerentes com seus valores e necessidades. Na verdade, o momento presente é sua única certeza e você pode exercer um papel ativo no modo como vive este exato momento. Mindfulness proporciona autonomia quando as circunstâncias parecem fugir ao nosso controle.

A prática de mindfulness pode ser cultivada por exercícios relativamente simples, explorados ao longo de todo este livro.

VIVENCIE AS COISAS COMO REALMENTE SÃO

Mindfulness significa ser receptivo ao que está acontecendo, não importa o que seja – no corpo, na mente e no ambiente – e vivenciar as coisas como são, sem se deixar levar pelo impulso de mudá-las. Não significa que você sempre gostará do que está acontecendo. É normal vivenciar momentos de confusão, frustração e agitação. Quando conseguir ficar tranquilo neste momento e simplesmente observar – em vez de se fechar, resistir ou reagir – verá que toda experiência tem altos e baixos e que nada é estático. Se simplesmente parar para observar o que está acontecendo, poderá aprender muito sobre si mesmo e sobre sua relação com o mundo ao redor. Além disso, uma certa sensação de espaço e aceitação surgirá naturalmente.

RESPONDER X REAGIR

A vida está repleta de preocupações, frustrações e aborrecimentos: receber más notícias (sua doença avançou ou seu cônjuge perdeu o emprego, por exemplo); alguém especial em sua vida ficou de lhe mandar notícias, mas elas tardam a chegar; ser repreendido; estar perto de alguém que não pára de provocá-lo, por mais que você lhe peça para parar; ou ficar pendurado no telefone, esperando para ser atendido, só para finalmente receber "ajuda" de uma voz computadorizada. Algumas variações desses exemplos provavelmente acontecem todos os dias, desafiando e ameaçando sua serenidade, segurança e integridade. A questão é: o que fazer em situações como essas?

A reação é automática, como o reflexo patelar. Você só perceberá sua reação muito tempo depois, ou talvez nem mesmo perceba o que fez. As reações são geralmente uma combinação de pensamentos (por exemplo, *Eu não mereço isso*), emoções (como tristeza ou raiva), ações (gritar, dar as costas, fechar-se) e experiências físicas no corpo (tensão muscular, por exemplo). Em situações extremas e, infelizmente, bem comuns, reações agressivas incluem atacar violentamente com palavras que ferem e magoam, bater portas, atirar objetos ou machucar fisicamente, ou desligar o telefone na cara de alguém. Outras reações mais passivas incluem afastar-se e fechar-se para os outros, ser frio ou grosseiro, deixar o outro falando sozinho ou fugir. Independentemente do comportamento, a reação sempre traz consequências prejudiciais. É bem provável que você se sinta pior depois. Pode começar a se menosprezar e se arrepender do que fez. Talvez crie uma couraça no coração e se feche para impedir a entrada do outro. Quando você reage, geralmente suas palavras e ações têm um efeito negativo em você e nos outros; às vezes, os danos às relações tornam-se até irreparáveis. Moral da história: uma reação pode levar a consequências significativas, que reduzem seu bem-estar e interferem na capacidade de viver em plenitude.

Uma abordagem mais útil seria responder em vez de reagir. Neste caso, mindfulness é fundamental. *Responder* significa estar totalmente ciente da situação e consciente do que você está fazendo em resposta a algo ameaçador ou desafiador. Mindfulness permite que você se controle e pare antes de reagir. Quando você está *mindful,* pode decidir fazer uma breve pausa para voltar atrás e avaliar o que está acontecendo. Com esse "espaço" na consciência, você se torna um observador curioso da sua experiência. Está consciente de sua própria experiência, com vivacidade, porém sem se perder nela. A calma e a compreensão permitem-lhe considerar diferentes resultados possíveis, com objetividade. A partir deste ponto de clareza, estabilidade e força você pode falar, agir ou optar por não fazer coisa alguma, mas sempre com discernimento. Ao responder – em vez de reagir – você toma melhores decisões e diminui a probabilidade de sofrer consequências negativas. Em última instância, você fica mais feliz e mais completo, e suas relações se fortalecem.

PERCEBENDO-SE NO PILOTO AUTOMÁTICO

Alguma vez você se percebeu dirigindo sem lembrar por onde passou minutos atrás? Já terminou uma refeição sem se recordar do sabor dos alimentos? Já tomou banho sem sentir a água e o sabonete sobre a pele? É bem provável que você tenha tido pelo menos uma dessas experiências no *piloto automático*. Isso é olhar sem ver e ouvir sem escutar. Basicamente, você está fazendo as coisas sem *vivenciá-las*, pois a mente está em outro lugar. Mindfulness é o instante em que você se pega no piloto automático. Ao se perceber fazendo isso, simplesmente sorria e volte naturalmente para a experiência.

COMO LIDAR COM A PRÁTICA DE MINDFULNESS

Em seu influente livro *Full Catastrophe Living: Using the Wisdom of Your Body and Mind to Face Stress, Pain, and Illness* (1990), Jon Kabat-Zinn descreve sete qualidades da mente que formam a base da prática da meditação baseada em mindfulness: ausência de julgamento, paciência, mente de principiante, confiança, ausência de objetivo, aceitação e desapego. *Ausência de julgamento* significa observar o que está acontecendo dentro de você e ao seu redor com neutralidade, sem se apressar em fazer julgamentos de valor, como bom ou mau, certo ou errado. *Paciência* significa permitir-se aprender, crescer e deixar que a prática da meditação revele-se ao longo do tempo, sem se apressar, sem forçar o processo. *Mente de principiante* significa adotar uma perspectiva nova e curiosa, como se você estivesse vivendo a situação pela primeira vez. *Confiança* significa acreditar em si mesmo e confiar na sua intuição, reconhecendo que você é a autoridade que conhece seu corpo e seus sentimentos. *Ausência de objetivo* significa não almejar atingir uma meta em particular. Ao meditar, você não tenta se sentir de uma determinada forma ou fazer algo especial, ou obter algo específico como resultado. *Aceitação* significa receber as coisas como elas são no presente, não importa o que esteja acontecendo ou como você se sinta. Isso não significa que você tenha que gostar da situação, mas a aceitação é essencial para que você se recupere e haja uma mudança positiva em você. *Desapego* é não desejar algo excessivamente nem resistir a determinados pensamentos ou emoções. Você pode observá-los à medida que surgem e vão embora, sem deixar que se apoderem de você ou o consumam.

A forma como você lida com a prática de mindfulness faz muita diferença. Ao longo deste livro voltaremos várias vezes a essas qualidades. Elas são essenciais ao cultivo de mindfulness e enriquecerão sua vida de maneira significativa.

MINDFULNESS NÃO É...

Para entender o que é mindfulness, talvez seja útil esclarecer o que não é mindfulness. Mindfulness *não é*:

- Tentar atingir um estado mental especial. Mindfulness permite que os estados mentais venham naturalmente à tona e sejam percebidos, porém sem forçá-los a mudar.
- Entrar em transe. Muito pelo contrário: mindfulness consiste em estar alerta e atento ao que está acontecendo.
- Ter pensamentos positivos. Pensamentos positivos, negativos e neutros podem vir à mente e são considerados equivalentes.

- Distrair-se ou imaginar que você está em outro lugar. Mindfulness é a antítese da distração e da imaginação. Em vez de levar sua mente para longe das circunstâncias reais, mindfulness consiste em participar do que está acontecendo no momento presente, por mais desagradável que este momento possa ser.
- "Fazer" qualquer coisa. No sentido mais simples e puro da palavra, mindfulness é um modo de ser; não tem nada a ver com fazer qualquer coisa.
- Uma prática religiosa. A essência de mindfulness é acessível a qualquer pessoa, independentemente de tradição ou fé.
- Complicada e inacessível. Muito pelo contrário: mindfulness é voltar ao jeito simples de ser e de se relacionar consigo mesmo, com os outros e com as situações.
- Só para asiáticos. Embora mindfulness seja a base das culturas e religiões da Ásia, principalmente do budismo, não há nada particularmente exótico ou oriental sobre viver com atenção e bondade. Os princípios de mindfulness são universais.

QUAIS AS EVIDÊNCIAS?

As pesquisas sobre mindfulness têm florescido na última década, mas os primeiros estudos foram publicados quase trinta anos atrás. Estudos emergentes estão começando a elucidar os mecanismos de base de mindfulness (como, por exemplo, o que acontece com o cérebro e com outras partes do corpo quando você está *mindful*) e os efeitos da meditação baseada em mindfulness e de práticas afins na saúde e no bem-estar.

Mudanças no Cérebro

Para aprender mindfulness você pode usar práticas como a meditação baseada em mindfulness, considerada um tipo de treinamento mental. Vários estudos demonstraram que indivíduos sem experiência prévia em meditação baseada em mindfulness podem, na realidade, transformar a forma como o cérebro trabalha e melhorar o funcionamento cognitivo, emocional e fisiológico como consequência do treinamento de mindfulness. (Brefczynski-Lewis et al., 2007; Davidson et al., 2003; Chiesa e Serretti, 2010; Slagter et al., 2007). Em um nível bastante básico, podemos adquirir as habilidades de mindfulness graças à *neuroplasticidade*: literalmente, significa que as células no cérebro – os *neurônios* – são plásticas, maleáveis. Essencialmente, o cérebro tem a capacidade de alterar sua estrutura e funcionamento, dependendo das partes utilizadas. Quando certas regiões do cérebro são ativadas com frequência, tais conexões se fortalecem. Por outro lado, áreas do cérebro raramente utilizadas começam a enfraquecer. Como analogia, pense no exercício físico: Quanto mais você se exercita, mais fortes seus músculos ficam. Se você não se exercita, os músculos atrofiam. A meditação baseada em mindfulness, assim como qualquer tipo de treinamento mental, fortalece as áreas do cérebro utilizadas durante a prática, enquanto outras áreas enfraquecem por não serem utilizadas. As regiões do cérebro associadas a mindfulness incluem áreas que focam na atenção, na adaptação a mudanças inesperadas, no monitoramento e percepção do ambiente, e na percepção das sensações corporais internas (Jha, Krompinger e Baime, 2007; Slagter et al., 2007; Moore e Malinowski, 2009; Lutz, Slagter et al., 2008; Farb et al., 2007). Já se comprovou que mindfulness diminui a ativação da *amígdala* (área do cérebro associada à percepção do medo e do estresse (Brefczynski-Lewis et al., 2007) e reduz a incidência de ruminações e pensamentos perturbadores (Jain et al., 2007). Pesquisas na área de neurociências revelam como o treinamento de mindfulness pode ajudá-lo a sentir menos medo, ficar menos estressado, aumentar a concentração, aceitar o curso natural das coisas, ficar mais consciente do que está acontecendo à sua volta e, consequentemente, responder com sabedoria, em sintonia com o corpo e suas necessidades.

Qualidade de Vida e Sintomas

Estudos clínicos demonstram os benefícios do treinamento de mindfulness em pessoas com problemas graves e crônicos de saúde, como câncer (Bauer-Wu et al., 2008; Carlson et al., 2007), HIV ou AIDS (Creswell et al., 2009), esclerose múltipla (Grossman et al., 2010), transplante de órgãos sólidos (Kreitzer et al., 2005) e insuficiência cardíaca (Sullivan et al. al., 2009). Embora muitos desses estudos tenham escopo ou métodos limitados e requeiram mais pesquisas, de um modo geral os achados são consistentes e indicam efeitos positivos na qualidade de vida, no bem--estar psicológico e em sintomas como dor, distúrbios do sono e fadiga. Por exemplo, em minha pesquisa com pacientes oncológicos hospitalizados para transplante autólogo de medula óssea/células-tronco, verificamos uma redução significativa nos níveis de dor e ansiedade, e maior sensação de felicidade após sessões de trinta minutos de treinamento de mindfulness (Bauer-Wu et al., 2008). Observamos também uma queda nas frequências cardíaca e respiratória, consideradas marcadores de menor reatividade ao estresse no organismo. Paul Grossman, pesquisador clínico na Europa, liderou um estudo bem delineado sobre recidiva em pacientes com esclerose múltipla e descobriu que um programa de treinamento de mindfulness com duração de oito semanas conseguiu melhorar a qualidade de vida relacionada à saúde e aliviou os sintomas de depressão e fadiga (Grossman et al., 2010). Em outra pesquisa, Mary Jo Kreitzer, Cynthia Gross e colaboradores da Universidade de Minnesota revelaram que pacientes submetidos a transplantes de órgãos sólidos e que sofriam de distúrbios de sono relataram melhora nos padrões de sono após terem participado de um programa de redução de estresse baseado em mindfulness (MBSR) (Kreitzer et al., 2005).

Efeitos no Organismo

Além de melhorar o bem-estar, o treinamento de mindfulness gera mudanças positivas nos desfechos biológicos. Justamente por promover alterações cerebrais que proporcionam equilíbrio emocional (com menos "altos e baixos"), tal treinamento pode nos ajudar a ver mais claramente, fazendo com que deixemos de perceber as situações como tão ameaçadoras e desencadeando uma cascata complexa de processos químicos no organismo. Posteriormente, os processos químicos no cérebro afetam todos os órgãos do corpo, bem como o sistema imunológico, que exerce papel fundamental no combate a infecções e no controle de muitas doenças, como câncer, HIV e AIDS. Além disso, essa cascata de processos químicos tem impacto nos processos inflamatórios, que estão associados ao desenvolvimento e à exacerbação de problemas graves de saúde, como doenças cardíacas, câncer, artrite reumatoide e condições neurológicas. Já se comprovou que o treinamento baseado em mindfulness melhora a função imune de pacientes com câncer (Carlson et al., 2007; Witek-Janusek et al., 2008), HIV ou AIDS (Creswell et al., 2009; Jam et al., 2010) e reduz um marcador inflamatório muito importante, a *proteína C reativa*, que está associada a doenças cardíacas e diabetes (Dalen et al., 2010).

Saúde Mental

O treinamento de mindfulness também é muito eficaz em pessoas com problemas de saúde mental, como depressão clínica recorrente (Teasdale et al., 2002), transtornos de ansiedade e pânico (Goldin, Ramel e Gross, 2009; Kim et al., 2010) e abuso de substâncias (Witkiewitz e Bowen, 2010). John Teasdale, Zindel Segal e colaboradores demonstraram que indivíduos com risco de depressão recorrente beneficiam-se de um programa denominado *terapia cognitiva baseada em mindfulness* (MBCT), que reduz especificamente a chance de recidiva de depressão grave (Teasdale et al., 2002). A terapia MBCT segue o conhecido programa MBSR (*programa de redução de estresse baseado em mindfulness*), desenvolvido pela Faculdade de Medicina da Universidade de Massachusetts há mais de trinta anos. Ambos são programas de grupo, com sessões semanais ao longo de oito semanas e incluem práticas de meditação em casa (recomenda-se uma prática formal diária de quarenta e cinco minutos, seis dias por semana). Até hoje, grande parte da pesquisa sobre práticas de mindfulness em indivíduos com problemas de saúde baseia-se nos programas MBSR, MBCT ou em versões adaptadas dos mesmos.

Os Benefícios da Prática

Embora uma breve meditação guiada possa ser suficiente para você começar a se sentir melhor (por exemplo, mais confortável e relaxado), pesquisas revelam que o período em que uma pessoa se dedica ao treinamento de mindfulness é diretamente proporcional à dimensão dos efeitos (Carmody e Baer, 2008; Lazar et al., 2005). A duração da prática autodirigida (com ou sem gravações de meditação guiada) e a frequência dos encontros com um instrutor de mindfulness capacitado (seja individualmente ou em grupo) determinam o quanto a pessoa se beneficiará do treinamento. Basicamente, quanto mais práticas de mindfulness você fizer, maiores os benefícios. A prática regular (por exemplo, várias vezes por semana) é sem dúvida melhor que a esporádica. É como passar fio dental nos dentes: o uso diário manterá suas gengivas mais saudáveis do que passar o fio apenas periodicamente.

VOCÊ ESTÁ PRONTO?

Pesquisas em neurociências revelam que o velho ditado "Cachorro velho não aprende truques novos" não faz mais sentido. Já ouvi inúmeras pessoas dizerem que não conseguem praticar mindfulness porque se distraem com facilidade e não sabem ficar paradas ou sentadas. Dados de pesquisas e minha própria experiência indicam que não é bem assim. Entretanto, conforme enfatizado pelas teorias de mudança de comportamento, adotar um novo comportamento ou abandonar um comportamento antigo requer *iniciativa*, ou seja, um desejo e uma intenção genuína de aprender ou mudar um comportamento (Prochaska e Velicer, 1997). Ao embarcar em uma jornada de cultivo de mindfulness, lembre-se de que sua intenção, seu compromisso, a autodisciplina para praticar e o modo como você lida com a prática terão um efeito considerável nos resultados.

O CULTIVO DE MINDFULNESS

As práticas de meditação descritas neste livro têm como objetivo ajudá-lo a cultivar a qualidade de mindfulness, integrando-a à pessoa que você é. Não têm a intenção de ser algo especial, voltado apenas a momentos específicos ou a ocasiões em que você se sente de uma determinada forma. Muito pelo contrário: espero que você consiga permanecer *mindful* ao longo de cada dia e que a qualidade de mindfulness o ajude a passar pelos altos e baixos da vida com equanimidade, clareza e plenitude.

A Prática Regular

O comprometimento com uma prática regular de meditação baseada em mindfulness é essencial para que ela possa ser cultivada e integrada à vida diária. Conforme descrito anteriormente, um número cada vez maior de estudos revelam que a prática faz toda a diferença e estabelecem uma relação direta com a extensão dos benefícios obtidos. Talvez você se sinta melhor após meditar por meia hora, mas os efeitos não persistirão ao longo do tempo se você só praticar de vez em quando.

Um Ponto Neutro de Atenção

O primeiro passo para desenvolver mindfulness é aprender a estabilizar a mente. Nossa mente tende a se manter ocupada quando estamos acordados (e, em alguns de nós, até quando estamos dormindo!). A mente "pula" naturalmente de uma ideia para outra. Focar em um ponto neutro é a forma mais fácil de estabilizar a mente e manter-se centrado, da mesma forma como uma âncora impede que um navio fique à deriva, sem rumo, ou jogando de um lado para o outro durante uma tempestade. Um único instante é suficiente para que você volte à experiência do momento presente – basta levar a consciência para um ponto neutro de atenção que possa ser facilmente acessado. *Neutro* neste caso significa algo que não provoca nenhuma reação forte, seja emocional ou física; não o aborrece nem o empolga. De um modo geral, é algo indiferente.

A Respiração
A respiração é um ponto neutro de atenção bastante comum, pois está sempre conosco. Enquanto estivermos vivos, respiraremos. Para a maioria das pessoas, respirar não requer esforço. É algo que simplesmente acontece, em cada momento de nossas vidas. Não precisamos tentar respirar; é algo que ocorre incessantemente, assim como as ondas do oceano, que inevitavelmente chegam à praia.

E se for difícil respirar?
Para algumas pessoas, respirar envolve desafios significativos, resultantes de problemas ou doenças de base. Se este for seu caso, a respiração não será um ponto neutro. Em algumas situações, levar a atenção às sensações da respiração pode causar um desconforto ainda maior. Se tiver problemas respiratórios, identifique outro ponto neutro de atenção que possa ser usado como âncora e o ajude a voltar ao momento presente, continuamente. O ideal é que essa âncora seja uma parte do corpo ou uma experiência corporal específica, em vez de algo fora do seu corpo, já que esse ponto de atenção deverá ser um recurso sempre acessível. Não importa onde você esteja, este ponto precisará estar presente o tempo todo. Algumas alternativas possíveis incluem a mão, o antebraço, o pé ou o lóbulo da orelha. Explore e identifique uma parte do corpo que seja neutra para você.

• **PRÁTICA DE MEDITAÇÃO** •
Consciência da Respiração

• Encontre uma posição confortável – sentada, deitada ou em pé.

• Conscientize-se das sensações associadas ao ar penetrando em seu corpo – pela narina, pela boca ou por ambas. Talvez você perceba a temperatura do ar (frio, por exemplo) e a qualidade do ar (úmido ou seco) que penetra em seu corpo.

• Observe o ar percorrendo seu corpo, preenchendo seus pulmões e expandindo o abdômen.

• Fique atento à pequena pausa entre a inspiração e a expiração.

• Em seguida, ao expirar, observe o abdômen descendo e o ar passando do abdômen para o tórax e o pescoço e, finalmente, saindo pelas narinas ou pela boca.

• Repita por alguns ciclos de inspiração e expiração, prestando atenção nas sensações do ar entrando e preenchendo o corpo, e depois sendo liberado, saindo do corpo.

• Para conseguir centrar-se e manter o foco, principalmente ao começar a explorar esta prática, talvez seja útil dizer a si mesmo: *Inspirando, sei que estou inspirando. Expirando, sei que estou expirando.*

• Tente não interferir na respiração; simplesmente permita-se respirar confortavelmente, com naturalidade. Conscientize-se da experiência, fluindo nas ondas da inspiração e da expiração.

• PRÁTICA DE MEDITAÇÃO •
Alternativa (Se Você Tiver Problemas Respiratórios)

• Encontre uma posição confortável – sentada, deitada ou em pé.
• Mentalmente, faça uma "varredura" pelo corpo e identifique uma região neutra. É necessário que essa parte do corpo não gere fortes emoções, lembranças ou desconforto. Alguns exemplos de partes potencialmente fortes do corpo são as mãos, os antebraços, os lábios, os lóbulos das orelhas e os pés. Você saberá identificar as áreas que são mais neutras. Mantenha o foco em uma única parte, de um único lado do corpo.
• Conscientize-se dessa parte do corpo. Observe sensações internas associadas a ela, como formigamento ou pulsação. Observe qualquer sensação externa, como o ar fresco ou o contato com roupas ou lençóis.
• Durante alguns minutos, imagine-se inspirando e expirando a partir dessa área do corpo.

TODOS OS DIAS...
Caso perceba que a mente começou a acelerar ao longo do dia, ou tenha dificuldade em manter o foco ou seja tomado pela raiva, frustração ou desespero, simplesmente PARE:

P – Pare o que está fazendo, faça uma pausa.
A – Atenção: respire com mindfulness, consciente da experiência do ar penetrando no corpo, preenchendo-o e sendo posteriormente liberado.
Se tiver dificuldade para respirar, *A = Altere* o foco para outra parte do corpo e imagine-se inspirando e expirando nessa área.

R – *Repare* como estão seus pensamentos e sentimentos. Simplesmente os observe com curiosidade, sem apego, sem deixar-se levar por eles.

E – *Execute* a tarefa que você estava prestes a fazer (independentemente de qual seja) com consciência e delicadeza.

LEMBRE-SE:

Mindfulness é um modo de ser, de lembrar quem você é e de ser receptivo às experiências, sejam agradáveis ou não. Você pode voltar a atenção à respiração ou a outro ponto neutro sempre que quiser e onde quiser – quando estiver agitado, confuso ou sobrecarregado – e centrar-se novamente e sentir-se mais estável. Ao embarcar nessa jornada de cultivo de mindfulness, lembre-se de que sua intenção, seu compromisso, autodisciplina e atitude frente à prática terão efeito significativo no seu bem-estar e no que acontecerá depois.

2

EM SINTONIA COM O PRÓPRIO CORPO

Antes que comecemos a criticar nosso corpo, que tal percebermos primeiro como é maravilhoso ter um corpo, independentemente de sua aparência e de como nos sentimos dentro dele?

– Jon Kabat-Zinn, *Full Catastrophe Living*

A ideia de *estar em sintonia* – olhar, escutar e envolver-se com o corpo em um diálogo íntimo sobre como estamos realmente nos sentindo em um determinado momento – é algo estranho e até mesmo desagradável para muitas pessoas, principalmente as que têm doenças físicas graves. Você pode se perguntar por quê, afinal de contas, você se interessaria em estar mais consciente do seu corpo, justamente agora que ele começa a falhar e você não se sente bem?

Estar em sintonia com o corpo é um ponto de partida para aceitá-lo exatamente como é neste exato momento, abrindo espaço para uma receptividade maior. Essa sintonia o ajudará a perceber que sintomas físicos desagradáveis – como dor ou náusea – nem sempre são os mesmos; na realidade, mudam de um instante para outro. Permitirá que você se conscientize de importantes dicas dadas pelo seu corpo e escolher como reagir a elas. Perceberá que aquilo que você sente talvez não seja tão diferente daquilo que sentiu há algumas horas, dias ou até mesmo semanas e, consequentemente, é menos provável que você entre em pânico ao sentir desconforto. Sintonia é a abertura para perceber suas tendências de reagir automaticamente e atribuir um significado àquilo que você sente no corpo. É também uma oportunidade de estar consciente do que está dando certo e dos aspectos saudáveis de sua vida. Talvez você perceba que *nem tudo* dentro do seu corpo parou de funcionar e que você é muito, muito mais que um diagnóstico ou um corpo doente.

SEJA AMIGO DO SEU CORPO

Assim como muitas pessoas com doenças limitantes, você pode sentir-se traído pelo próprio corpo. Pode ficar frustrado com o fato de que todos os anos em que tentou cuidar bem de si não foram suficientes para evitar que uma doença devastadora finalmente viesse assombrá-lo. Pensando assim, será que faz sentido ser amigo do seu corpo, um corpo que o decepcionou?

Ajudar o corpo não significa que você tenha que gostar do que acontece com ele – muito pelo contrário: significa ser amável e gentil, ouvindo-o com sinceridade, como se fosse seu melhor amigo. Você se abrirá para o seu corpo, unindo-se a ele, ficando ao seu lado e aceitando-o, apesar de todas suas fragilidades e imperfeições. Isso lhe permitirá atingir uma área profunda de conhecimento e aceitação interna, capaz de promover uma recuperação em muitos níveis.

Reflita um pouco sobre estas duas questões: Alimentar a raiva que você sente por se sentir traído pelo próprio corpo lhe trará algum benefício? E se (metaforicamente) você desse as mãos e fizesse as pazes com seu corpo?

SENSAÇÕES SÃO APENAS SENSAÇÕES

O primeiro passo para estar em sintonia com o corpo é conscientizar-se de que sensações são apenas sensações. Você precisa ser um observador curioso e imparcial. Na maioria das vezes, a mente tende a adotar um conceito único e rotulado do que está acontecendo no corpo (como "dor") ou interpretar seu significado. Por exemplo, sentir uma nova dor significa que a doença avançou. Entretanto, se você voltar atrás e observar curiosamente o que seu corpo está sentindo, perceberá que essa dor não é apenas uma grande "coisa" avassaladora, mas sim uma constelação de muitas sensações corporais sutis, que podem ser vagas, agudas, dolorosas ou latejantes, mudando de um instante a outro. Talvez você também perceba uma pausa entre as sensações e momentos em que você sente absolutamente nada. Ver as sensações como meras sensações e observar a sutileza de suas qualidades e oscilações fará com que elas exerçam menos poder sobre você.

Toda Aquela História Envolvendo as Sensações

Na maioria das vezes, faz parte da natureza humana apelar para uma história ou narrativa para explicar o que acontece no corpo ou na vida. As histórias não se baseiam em fatos ou no que se pode afirmar com certeza no momento presente; em vez disso, são pesadelos do que poderia acontecer, ou fantasias sobre o futuro, julgamentos, arrependimentos ou situações de apego ao passado. Um exemplo da vida diária é perder a carteira, entrar em pânico imediatamente e criar uma história para se convencer de que ela foi furtada. Histórias como essa são automáticas e você se vê tomado por elas. A mente fica agitada e, consequentemente, seu corpo fica agitado, atrapalhando seu mundo, de um modo geral.

Em uma pessoa com uma doença grave, as histórias e os julgamentos criados pela mente podem facilmente levá-la a pensar no pior cenário ou a se culpar. As histórias podem produzir um filme de terror em sua própria mente, a ponto do corpo reagir como se estivesse realmente vivendo aquela história. Por exemplo, um novo desconforto pode fazer com que você entre em pânico; seu coração dispara, a respiração fica superficial e você terá indigestão e dificuldade para dormir, se começar a imaginar que a doença está piorando ou que você contribuiu para que isso acontecesse. Seus pensamentos ou a história podem consumi-lo e repetirem-se na mente, ininterruptamente, obscurecendo tudo o que está realmente acontecendo em sua vida, a ponto de você não conseguir perceber nada de bom ao seu redor.

Os termos "dor" e "sofrimento" são geralmente considerados sinônimos, mas há uma diferença significativa entre ambos. *Dor* é um sinal físico desagradável, que nos informa que algo não vai bem em nosso corpo. *Sofrimento* é a forma como nos relacionamos com a dor; é o significado ou a interpretação (ou a história) que a mente cria em resposta a um sinal físico. O significado que você elabora para a dor e a forma como você a interpreta determinam a experiência, que pode exacerbar muito o desconforto. Isso é explicado em uma parábola antiga sobre a flecha: acidentalmente, uma flecha atinge seu braço e provoca dor. Você reage, pegando a haste da flecha e empurrando-a profundamente no braço. Ter seu braço atingido por uma flecha foi algo inevitável. No entanto, empurrar a flecha foi algo opcional; fez com que a experiência piorasse exponencialmente. Neste exemplo, empurrar a flecha representa a história mental chamada *Eu mereço sentir dor*; *isto é apenas o começo; a pior dor ainda está por vir,* ou *Algo terrível está acontecendo*. Há muita ansiedade por trás de todas essas histórias e cada versão leva a uma carga ainda maior de sofrimento desnecessário. É impressionante como nossa mente é capaz de se apegar a uma sensação desagradável e criar uma história complexa, que gera e perpetua nossos medos e preocupações. Práticas de mindfulness, como as descritas neste livro, podem ajudá-lo a perceber quando sua mente embarca nessas histórias.

Uma paciente com câncer e com quem trabalhei fez o seguinte comentário após aprender a praticar mindfulness:

Descobri que, às vezes, quando sinto uma pequena pontada e começo a ficar preocupada, me dou conta dessa preocupação. Volto minha atenção ao que estou sentindo e imagino que estou respirando naquela área. Aos poucos, percebo que o desconforto começa a passar. Isso impede que eu entre em pânico ou fique assustada.

SINTOMAS DESAGRADÁVEIS

Sintomas físicos desagradáveis são praticamente inerentes a uma doença limitante. Os sintomas específicos e o grau de desconforto variam conforme a doença e o tratamento em questão, e são influenciados pela idade, genética e experiências do passado. Os sintomas desagradáveis mais comuns incluem fadiga, dor, náusea, dormência, fraqueza e prurido.

É importante observar as diferenças entre sintomas agudos e crônicos. *Sintomas agudos* são sensações físicas que surgem rapidamente ou que aumentam de intensidade abruptamente, porém com duração limitada. Podem ser bem graves, com um valor de 9 a 10 em uma escala de 0 a 10 (sendo 0 a ausência de desconforto e 10 o maior desconforto que você possa imaginar). Sintomas agudos não devem ser tolerados nem ignorados. Uma dor forte ou outros sintomas são mensageiros valiosos, que trazem informações importantes sobre o corpo. É fundamental escutar o corpo e reagir com sabedoria.

Sintomas crônicos são sensações e experiências corporais desagradáveis que persistem por semanas, meses ou anos. Têm intensidade variada e são geralmente toleráveis. São sintomas esperados e você deve aprender a "conviver com eles". Embora sejam toleráveis, podem acabar desgastando e drenando sua energia. Podem desanimá-lo e acabar com seu bem-estar.

É útil reconhecer a diferença entre sintomas agudos e crônicos. Sintomas agudos requerem ação. Seu corpo está lhe dizendo, veementemente, que algo não anda bem. Tolerar ou ignorar sintomas agudos não é uma atitude sábia. O importante nessa hora seria buscar assistência médica ou tomar alguma medicação, ou ambas as alternativas. Por outro lado, sintomas crônicos acabam levando a uma resposta mais passiva, como o uso de mindfulness para perceber as sensações corporais e quaisquer histórias mentais associadas. As práticas descritas neste livro podem ajudá-lo a discernir sintomas agudos de sintomas crônicos e a reconhecer a resposta mais apropriada e adequada ao caso.

Você e Sua Dor Não São a Mesma Coisa

Às vezes é difícil tentar se separar da dor e de outros desconfortos que você sente. As sensações e histórias associadas a eles podem consumi-lo, fazendo com que você perca a perspectiva.

Aprender a entrar em sintonia com o corpo pode ajudá-lo a desenvolver qualidades de observação e a recuperar a perspectiva. Com a prática, você pode desemaranhar sensações desagradáveis; seus impulsos, julgamentos e histórias a respeito delas; e o sentido de identidade que você incluiu na experiência. É provável que comece a perceber que você não é a dor (ou qualquer outro desconforto) que você sente, não é apenas um paciente ou uma doença – você é muito mais do que isso.

Volte a Atenção, Sem Resistir

A ideia de voltar a atenção ao desconforto parece um contrassenso. A reação natural é resistir ao desconforto, afastar-se ou fugir dele. No entanto, na verdade essas abordagens acabam nos restringindo e consumindo energia mental e física. Embora distrair-se do que é desagradável possa parecer útil a curto prazo, impede que você aprenda realmente a viver *com* o que está acontecendo.

É interessante perceber que ao tentar ignorar ou afastar algo, na verdade tudo parece ficar mais forte e não terminar nunca. Quando você decide focar sua atenção no desconforto, ele deixa de exercer poder sobre você. Às vezes, simplesmente ao direcionar sua atenção para a dor ou para outro sentimento difícil, inspirando e expirando a partir dessa área do corpo, você pode até dissolver as sensações desagradáveis. Tal processo também permite-lhe estar no comando e fazer algo a respeito, como mudar de posição, tomar uma medicação ou redirecionar sua atenção para algo neutro ou agradável. Você descobre que há opções para lidar com a situação. Ao voltar sua atenção para um sentimento desagradável, talvez acabe percebendo que ele não é tão ruim como você imaginava (o que pode ser uma descoberta e tanto)!

É importante enfatizar que esta prática de *voltar a atenção* é adequada para sintomas crônicos (leves a moderados), conforme descrevi antes. Sintomas agudos graves ou intensos devem ser tratados com medidas práticas, como buscar ajuda ou tomar uma medicação.

• PRÁTICA DE MEDITAÇÃO •
Meditação da Varredura do Corpo (*Body Scan*)

A meditação da varredura do corpo (*body scan*) é uma forma excelente de aprender a entrar em sintonia e ajudar o próprio corpo. Envolve o desenvolvimento da consciência a partir de uma varredura lenta, suave e sistemática por todas as regiões do corpo. Ajuda a cultivar a atenção, a flexibilidade para estar em contato com qualquer sensação que você tenha no momento, e a autoaceitação.

• Comece a prática com uma atitude receptiva e curiosa. Observe qualquer ideia preconcebida daquilo que você acha que sentirá durante ou após o *body scan* e veja se consegue estar presente para essas ideias, porém sem acreditar nelas. Mesmo que você já tenha feito o *body scan* muitas vezes, seu corpo, seu estado de espírito e o ambiente não serão exatamente os mesmos.

• Observe se você está se forçando a se sentir de uma determinada forma ou se está querendo *obter* algo da experiência. Embora isso seja normal, poderá interferir na experiência de sentir seu corpo apenas como ele é.

• Mantenha a consciência em cada momento, enquanto foca a atenção em diferentes partes do corpo, prestando atenção apenas nas sensações e em nada mais.

• Observe se surge alguma resistência ao tentar conscientizar-se do corpo. Se isso acontecer, simplesmente observe a resistência e as sensações, pensamentos ou emoções associadas a essa resistência. Observe se você está se julgando. Pratique "estar consciente" e permita-se então respirar com essa resistência.

• Encontre uma posição confortável: deite-se ou escolha qualquer posição que o permita ficar estável e relaxado – uma posição que lhe ofereça apoio e, ao mesmo tempo, o mantenha desperto. Se quiser, cubra-se com um cobertor, pois a temperatura corporal costuma cair quando ficamos parados por um tempo.

• Quando estiver pronto, feche os olhos ou mantenha-os levemente abertos, com um olhar suave.

• Por alguns instantes, mantenha-se consciente do ritmo natural da respiração.

• Quando o corpo e a mente estiverem tranquilos, tente se conscientizar do corpo como um todo. Perceba seu corpo em repouso, apoiado no colchão, em uma cadeira ou no chão.

• Geralmente o *body scan* segue esta sequência: Comece com os dedos do pé esquerdo. Em seguida, direcione a atenção para as diferentes partes do pé esquerdo (sola, calcanhar e parte superior), subindo pela perna esquerda até atingir a pelve. Desça para os dedos do pé direito e comece a subir pelo pé direito e pela perna direita, chegando novamente à pelve. Prossiga, levando a atenção ao abdômen, à região lombar, à parte superior das costas, tórax e ombros; vá para ambos os braços, descendo até atingir os dedos; suba até os ombros. Leve a atenção dos ombros para o pescoço e depois para as diferentes regiões do rosto e da cabeça. Por último, conscientize-se do corpo como um todo.

• Em cada parte do corpo, observe as diferentes sensações: qualidade, intensidade e constância. Tente perceber o que realmente está sentindo (calor, formigamento, dor ou monotonia). Fique aberto à possibilidade de não sentir nada em algumas partes do corpo; isso é muito comum e totalmente normal.

• Permaneça em cada área do corpo por alguns instantes e imagine-se respirando nessa área de atenção. Uma opção é imaginar que você está inspirando sentimentos de vitalidade, energia e cura; e expirando tensão, fadiga ou ansiedade. Inspire e expire algumas vezes em cada região.

• Enquanto permanece em cada parte do corpo, entre em contato com qualquer sensação que possa surgir, inclusive os aspectos sutis. Observe se são constantes, se aumentam e diminuem de intensidade, ou se dissolvem-se completamente. Talvez perceba que as sensações mudam de um momento a outro ou de uma região do corpo a outra. Algumas sensações são agradáveis, algumas são neutras e outras são desagradáveis ou desconfortáveis.

• Deixe que as emoções ou pensamentos venham à tona, sem afastá-los ou se apegar a eles. Simplesmente observe-os com curiosidade, em vez de ser levado por eles ou tentar julgá-los ou interpretá-los. No momento em que se perceber julgando (por exemplo, *Eu não deveria estar me sentindo desse jeito*, ou *Não estou fazendo isso direito*), ou estiver envolvido em uma história mental, em uma lembrança ou um pensamento fora do contexto, simplesmente pare. Reconheça que sua mente está divagando, pregando suas velhas peças; talvez você até consiga sorrir e dizer algo, como *Interessante eu estar pensando nisso!* O momento em que você percebe a mente começando a divagar é um lembrete maravilhoso de que você deve centrar-se novamente, respirar e voltar a atenção para a última parte do corpo de que se recorda.

- Se você dormir durante o *body scan*, seja amável consigo mesmo. A mente e o corpo desapegaram-se o suficiente para permitir que você espairecesse e recebesse o descanso e a recuperação de que precisava. A intenção desta prática não é fazê-lo dormir, mas tudo bem se isso acontecer. Se por acaso sentir torpor, inspire profundamente para despertar o corpo e ajeitá-lo, se necessário (isso pode ajudá-lo a acordar). Quando estiver pronto, volte a atenção para a última parte do corpo de que se recorda.
- Se alguma parte do corpo estiver desconfortável e acabar desviando sua atenção, foque nessa região. Não tente ignorá-la. Conscientize-se das sensações desagradáveis. Talvez você queira se imaginar inspirando e expirando a partir delas. Observe se o desconforto diminui. Se necessário, encontre uma posição mais confortável para o corpo, sempre mantendo o estado de mindfulness. Em seguida, retome o *body scan*, voltando à parte do corpo na qual você estava focando antes.

• ANOTE SUAS REFLEXÕES •
Entrando em Sintonia

Antes de começar a anotar suas reflexões, deixe que a mente e o corpo se aquietem. Faça uma pausa e foque a atenção no ritmo natural da respiração. Quando se sentir estável, leia cada uma das perguntas abaixo, entre calmamente em contato com o corpo e anote as respostas:

- *Como estou me sentindo neste momento?*
- *O que estou sentindo? Que sensações físicas estão presentes em mim neste exato momento? São agradáveis ou desagradáveis?*

- *Quais as qualidades das sensações? As sensações mudam de um momento a outro?*
- *Que pensamentos (histórias, julgamentos, lembranças, fantasias, etc.) vêm à mente ao focar minha atenção nas sensações?*
- *Que emoções vêm à tona?*
- *Tenho algum impulso de automaticamente rejeitar ou acolher certas sensações? Como isso acontece?*
- *Que insights tive sobre mim mesmo com esta prática de entrar em contato com meu corpo?*
- *Agora, enquanto termino de escrever, como estou me sentindo?*

TODOS OS DIAS ...

- Ao longo do dia, faça mini-*body scans*, parando (física e mentalmente), tentando perceber como seu corpo se sente.
- Não deixe de perceber quando a mente reage automaticamente a determinadas sensações corporais, seja julgando ou criando histórias.

LEMBRE-SE:

A sintonia obtida pelo cultivo da prática do *body scan* é um ponto de partida para compreender o corpo e harmonizar-se com ele, acolhendo-o do modo como está neste exato momento e promovendo uma aceitação ainda maior. É uma oportunidade de conscientizar-se do que é certo ou saudável para seu corpo e perceber que você *continua* inteiro. Ver as sensações como mera sensações, observando suas sutilezas e oscilações, fará com que elas percam um pouco o poder que exercem sobre você.

Vamos ver agora algumas dicas para praticar o *body scan*: Tente fazer alguma versão do *body scan* pelo menos quatro vezes por semana. Pratique sem pressa. É melhor não se apressar, mas explorar devagar e com atenção cada parte do corpo. No total, o *body scan* deve levar aproximadamente 45 minutos. Se não tiver tempo nem energia para fazer a varredura completa, escolha então uma parte do corpo (como os membros superiores ou inferiores, ou até mesmo um dos braços ou uma das mãos). Se você tende a adormecer durante o *body scan*, faça a prática no período em que tiver o máximo de energia (de manhã cedo, por exemplo).

3

Pensamentos inúteis e emoções avassaladoras

*Aquele que não se deixar iludir pelo medo
estará sempre em segurança.*
– Tao Te Ching

Após viver com HIV durante muitos anos, Maggie sentiu que a doença começara a avançar para um estágio mais grave – nesse período, foi diagnosticada com AIDS. Apesar de continuar se locomovendo e sentir-se relativamente bem, a mesma história não saía de sua cabeça: via-se totalmente debilitada e dependente dos outros. Sempre que essa imagem surgia, Maggie era invadida por sentimentos de tristeza profunda, um medo intenso das incertezas do futuro e arrependimentos de eventos do passado. O peito e a garganta se contraíam e tinha cólicas estomacais. Deitava-se em posição fetal durante horas, soluçando e tremendo.

A experiência de Maggie não é rara em muitas pessoas que convivem com uma doença grave. Pensamentos inúteis chegam sorrateiramente a qualquer momento, aumentando a intensidade, fugindo ao controle e adquirindo vida própria. Podem permear toda sua vida às custas do bem-estar, fazendo com que você perca seu precioso tempo. Estar ciente de tais pensamentos e de seus efeitos insidiosos no estado emocional e físico é o primeiro passo para atenuar o poder que exercem sobre você.

PENSAMENTOS INÚTEIS

É comum seguirmos a vida ruminando o passado e pensando em possibilidades, ou planejando o futuro. A mente faz isso automaticamente: talvez você nem perceba o que está pensando, o que está fazendo ou como se sente ao ser arrastado pelos pensamentos. Embora alguns sejam úteis (incentivando-nos a sermos proativos e a nos prepararmos) ou façam parte do contexto de nossas experiências atuais é importante reconhecer que alguns pensamentos podem levá-lo a se sentir pior. Algumas categorias comuns de *pensamentos inúteis* incluem viver no passado, preocupar-se, ter expectativas e focar nas expectativas e reações dos outros. Tais pensamentos são problemáticos, pois podem sobrecarregá-lo e drená-lo, além de consumirem um tempo precioso. Interferem em sua capacidade de se satisfazer e de viver a vida em plenitude, neste momento.

Vivendo no Passado

Há duas formas comuns de viver no passado: apegar-se aos "velhos bons tempos" e arrepender-se. Preocupar-se com lembranças da época em que você era mais jovem, com um corpo mais forte e mais saudável, poderá deixá-lo pouco à vontade com seu estado de saúde, com seu corpo e a situação atual. Sentir saudades da vida que você teve um dia irá apenas separá-lo do que acontece agora e, consequentemente, será mais difícil aceitar e ficar em paz com a vida como ela é. Talvez você se arrependa daquilo que fez e daquilo que não fez. Embora arrependimentos possam inspirar ações positivas – como reconciliações – lamentar-se sem fazer nada servirá apenas para impedir que *este* momento seja o melhor possível.

PARE AGORA: Pense se você costuma viver no passado, desejando que as coisas voltem a ser como eram ou arrependendo-se do que fez.

Preocupações

Se você tem uma doença incurável, não há como não pensar na progressão da doença e em como ela afetará suas emoções e capacidades. Também é normal imaginar o que acontecerá com as pessoas que você ama. É provável que você pense como elas se sentirão ao vê-lo ficar cada vez mais fraco, até o momento da morte. Importar-se (da mesma forma como os pais se importam com o bem-estar do filho) e ter uma atitude realista perante as circunstâncias pode ser extremamente útil. Isso poderá ajudá-lo a fazer um planejamento proativos, a tomar providências compatíveis com seus valores e engajar-se em conversas importantes. Entretanto, preocupar-se é algo um pouco diferente. Trata-se de uma especulação exagerada e sem fundamento do que pode acontecer no futuro. As preocupações envolvem uma certa ruminação, geralmente associada à antecipação do pior cenário possível ou excesso de zelo com detalhes triviais.

PARE AGORA: Observe se você se preocupa com o futuro e exagera o que pode acontecer, a ponto de sua preocupação não se basear mais em fatos reais.

Suas Expectativas

Mesmo que você faça planos e dê o melhor de si, talvez as coisas não saiam como você imaginava, pois há muitos fatores envolvidos e muitos deles fogem ao seu controle.

Por exemplo, talvez você espere que sua família o apoie o tempo todo, mas isso acaba não acontecendo. Ou você seguiu rigorosamente o tratamento planejado, mas a doença continua avançando. É normal ter algumas expectativas sobre o que pode acontecer, principalmente se você está fazendo de tudo para lidar com a situação da melhor forma possível. Mesmo assim, esses pensamentos serão inúteis e gerarão frustração, desânimo e desespero se você não conseguir aceitar resultados diferentes do que havia previsto.

PARE AGORA: Pense se você teve dificuldades quando as coisas não saíram como você esperava.

Focando nas Expectativas e Reações dos Outros

Assim como você tem expectativas, outras pessoas podem ter expectativas de você. É provável que tenham dificuldade em aceitar suas decisões, ações, ou lidar com coisas que fogem às expectativas. Pode ser que tenham uma reação forte e fiquem bravas, pondo fim à sua estabilidade. Talvez você até acabe se culpando pelas reações delas e essa autocrítica poderá desgastá-lo. Na comparação importar-se x preocupar-se é importante ter consideração pelas expectativas das pessoas. No entanto, preocupar-se com essas expectativas e reações poderá fazer com que você perca o equilíbrio e a noção de "eu". Basicamente, você perde um tempo valioso, pois deixa de cuidar de suas próprias necessidades e de viver de um modo que o fortaleça.

PARE AGORA: Pense um pouco se você se deixa afetar pelas expectativas e reações dos outros a respeito do que está acontecendo com você.

EMOÇÕES AVASSALADORAS

Emoções enriquecem as experiências, seja nos motivando ou desanimando. Variam de acordo com nossos pensamentos, sensações corporais e circunstâncias. Algumas emoções possuem qualidades benéficas, que promovem paz de espírito ou atenção genuína com os outros (felicidade ou amor altruísta, por exemplo). Outras emoções possuem qualidades negativas, destrutivas, que agitam a mente ou magoam os outros, como ansiedade ou raiva. Entrar em contato e expressar suas emoções de modo construtivo é algo saudável, porém não se identifique demais com elas. Se você se identificar excessivamente com suas emoções, elas poderão arrastá-lo como a onda em uma maré, podendo paralisá-lo, afundá-lo ou derrubá-lo. É como se você e a emoção tornassem-se uma única coisa. Consequentemente, você não consegue pensar com clareza, sentir outros estados mentais ou observar o que acontece ao seu redor. Três emoções especialmente desafiadoras para pessoas com doenças graves são o medo, a tristeza e a raiva.

Medo

Medo pode incluir o medo do desconhecido. Como ficarão as coisas quando você piorar? Como você morrerá? O que acontecerá quando você morrer? Não importa do que você tenha medo – ele pode paralisá-lo ou impeli-lo a fugir da vida no presente.

PARE AGORA: Pense um pouco se você sente medo. Se a resposta for sim, você tem medo do quê?

Tristeza

A tristeza é acompanhada de um coração pesaroso. Resulta de uma certa nostalgia e de perdas reais ou antecipadas, como perder a independência ou separar-se da família. A tristeza pode encobrir seus dias, impedindo que a luz, a clareza e a alegria se manifestem.

PARE AGORA: Pense um pouco se você se sente triste. Se a resposta for sim, tente reconhecer o que o deixa triste.

Raiva

A raiva é desencadeada por uma ameaça ao eu ou ao ego e está associada a um estado de prontidão, ou à sensação de ser atacado ou ferido. Pode provocar ódio, amargura, ressentimento ou hostilidade. Não importa se a raiva é direcionada a você mesmo ou aos outros: ela pode despedaçá-lo por dentro e distanciá-lo das pessoas.

PARE AGORA: Pense um pouco se você sente raiva. Se a resposta for sim, tente reconhecer o que está contribuindo para esse sentimento de raiva.

AS RELAÇÕES ENTRE PENSAMENTOS, EMOÇÕES E SENSAÇÕES CORPORAIS

Se prestar bastante atenção, perceberá que seus pensamentos afetam suas emoções e sensações corporais. Além disso, o modo como você se sente emocionalmente (seu humor) pode desencadear uma cascata de pensamentos e sensações corporais. Do mesmo modo, a forma como seu corpo se sente pode despertar pensamentos e emoções. Por exemplo, você pode sentir uma dor no corpo e automaticamente achar que a doença está avançando e, consequentemente, ficar muito mal com isso.

Para elucidar ainda mais essa relação, imagine algo agradável ou que o faz sentir-se bem, como um bebê sorrindo ou um lindo pôr do sol. Observe como você se sente.

E o seu humor? Você está feliz? Como seu corpo se sente? Energizado? Relaxado?

Essa relação entre pensamentos, emoções e sensações corporais ocorre porque as ligações cerebrais estão intimamente conectadas e integradas ao resto do corpo. A parte do cérebro responsável pelo pensamento (o *córtex*) e a parte responsável pelas emoções (o *sistema límbico*) estão sempre se comunicando em ambas as direções. Além disso, o cérebro está anatomicamente conectado ao resto do corpo por meio de nervos e vasos sanguíneos, portanto os pensamentos e as emoções afetam o modo como seu corpo se sente e vice-versa. Moral da história: existe uma interação dinâmica entre os pensamentos, as emoções e as sensações e funções corporais. Faz sentido pensar que, se você controlar seus pensamentos, as emoções ficarão menos intensas, melhorando as sensações corporais e aumentando o bem-estar geral.

NÃO SE DEIXE LEVAR POR PENSAMENTOS E EMOÇÕES PERTURBADORAS

Pensamentos e emoções perturbadoras podem ter um forte impacto sobre você. Se permitir que se apoderem de você, eles o jogarão de um lado para o outro e o destruirão. Entender a origem de seus pensamentos e emoções e aprender a simplesmente observá-los, sem se identificar excessivamente com eles, é essencial para não se deixar abalar e diminuir o poder que eles têm sobre você.

Todos nós enfrentamos dificuldades na vida. Algumas parecem um tanto ameaçadoras. Porém, tempos depois, quando olhamos para trás, já não nos sentimos ameaçados, pois o tempo permite olhar para eles de forma mais objetiva.

Simplesmente Observe

Pensamentos e emoções são eventos mentais que vêm e vão. São tão tangíveis como uma nuvem. Você pode ver a nuvem mas não pode agarrá-la – se tentar, sairá de mãos abanando. Da mesma forma, os pensamentos e as emoções não são sólidos.

Um aspecto importante para não se deixar levar por pensamentos e emoções consiste em adotar a postura de uma testemunha imparcial, observando a chegada e partida desses pensamentos como nuvens movendo-se no céu. O ato de simplesmente observar gera uma certa distância, impedindo que esses estados mentais sejam tão devastadores, promovendo a compreensão e permitindo que você perceba as causas e consequências.

Conforme descrevemos antes, pensamentos e emoções podem ocorrer em conjunto e estimular ou atenuar um ao outro. No livro *Por que Meditar?*, Matthieu Ricard – monge budista com formação em ciências – compara a emoção da raiva ao fogo de uma lareira (Ricard, 2010). Se você ficar simplesmente olhando o fogo e observar suas qualidades (o calor, as cores e a luz) e não adicionar mais lenha, o fogo ficará cada vez mais fraco, até apagar. O fogo é como as emoções (neste exemplo, como a raiva) e a lenha seria os pensamentos que alimentam a emoção (por exemplo, repetir mentalmente a história de alguém que lhe fez mal). Se você interromper a história ou as lembranças, a emoção perderá a intensidade gradativamente, até finalmente desaparecer.

Dê um Nome aos Pensamentos e Emoções

Outro modo de se desapegar de pensamentos e emoções difíceis é reconhecê-los e atribuir-lhes um nome, como "lembrança", "planejamento", "preocupação" ou "ideia". Muitas vezes as pessoas preferem manter-se distantes de experiências mentais ou emocionais, ou até mesmo reprimi-las. Entretanto, segundo o psiquiatra e escritor Dan Siegel (Boyce, 2011) é preciso "dar um nome à fera para poder domá-la". As pesquisas corroboram essa ideia de nomear e rotular pensamentos e emoções perturbadoras (Creswell et al., 2007). Isso o ajudará a se libertar do hábito da ruminação.

Redirecione e Neutralize os Pensamentos

Você também pode redirecionar intencionalmente sua atenção para algo neutro ou positivo, ou neutralizar pensamentos preocupantes por meio de imagens ou aspirações benéficas para si mesmo e para os outros. Tais abordagens podem ser especialmente úteis, caso você se sinta excessivamente mal ou ansioso ao observar emoções difíceis. Por exemplo, se estiver preocupado com o que pode acontecer e começar a sentir medo, volte a atenção a algo bem à sua frente (olhe através da janela ou para o céu). Se estiver pensando em alguém que o magoou e causou tristeza ou raiva, imagine que vocês dois estão feridos e, depois de contemplar em silêncio, envie mentalmente bons sentimentos de cura e amor para você e para ele/ela.

Não Julgue

Parte do crescimento consiste em aprender a pensar de modo crítico e analítico. Nossas mentes estão condicionadas a julgar, ou seja, avaliamos automaticamente nossas próprias experiências e as experiências do outro sem nos darmos conta disso. O julgamento acontece sem querer, como um reflexo, o tempo todo, ao longo de todo o dia. Pode interferir em nossa capacidade de sermos objetivos e impedir-nos de viver em plenitude o que está acontecendo na realidade.

Você só deixará de julgar quando aprender a ser um observador ou testemunha imparcial de seus pensamentos e experiências. Nas práticas abaixo, veja simplesmente os pensamentos como pensamentos e os eventos como eventos. Outra coisa importante é não julgar o julgamento, ou seja, não ser crítico consigo mesmo ao se ver julgando algo.

• PRÁTICA DE MEDITAÇÃO •
Observando os Pensamentos

• Encontre uma posição confortável, deitada ou sentada, e observe as sensações da respiração, conforme descrito nos capítulos anteriores. Simplesmente preste atenção ao ritmo natural da inspiração e da expiração.

• Sempre que perceber que a mente se dispersou e que você se desconectou das sensações da respiração e passou a focar nos pensamentos, volte a atenção para o pensamento.

- •• Observe o pensamento e preste atenção na história que está "passando" em sua mente.
- •• Tente olhar para ela simplesmente como um observador imparcial, porém interessado, assistindo a um filme. Ou imagine uma tela de vidro separando-o dos pensamentos.
- •• Descreva o que vê (o que você está pensando). Quem e o que você vê? O que está acontecendo?
- •• Dê um nome para o pensamento: "lembrança", "plano", "fantasia" "ideia ao acaso", ou algum outro tipo de pensamento.
- •• Observe o pensamento abandonando sua mente, como uma nuvem que flutua no céu e desaparece do seu campo de consciência.

- Volte a atenção às sensações da respiração.

- Ao se perceber pensando novamente, preste atenção no pensamento e siga a sequência descrita anteriormente: perceba que você está pensando, observe o pensamento, descreva-o, nomeie-o. Em seguida, volte à experiência da respiração.

• ANOTE SUAS REFLEXÕES •
Pensando e Sentindo

- Enquanto você se prepara para escrever, faça uma pausa e observe os pensamentos que vêm à cabeça. Podem ser bem simples e superficiais, como *Esta cadeira é confortável*, ou mais profundos, como *Estou preocupada com meu filho*.
- Não importa o que você esteja pensando neste momento: simplesmente comece a escrever sobre esse pensamento. Escreva por uns três a cinco minutos aquilo que vier à mente. Escreva apenas sobre o primeiro pensamento ou sobre novos pensamentos, que poderão ou não estar relacionados ao pensamento inicial. Após alguns minutos, pare de escrever e faça uma pausa.
- Observe qualquer emoção que estiver sentindo. Por exemplo: felicidade, tristeza ou indiferença (no sentido de não ter nenhum sentimento específico). Durante alguns minutos, escreva sobre o que está sentindo. Pare de escrever e faça uma nova pausa.
- Entre em sintonia com o próprio corpo (conforme descrito no capítulo anterior) e observe qualquer sensação física (se houver alguma). Em seguida, passe alguns minutos escrevendo sobre essas sensações corporais e o estado geral de seu corpo (calmo, tenso, relaxado, etc.).

- Por último, observe se surgiram novos insights sobre seus pensamentos, emoções e sensações corporais. Se quiser, reserve alguns minutos para escrever aquilo que aprendeu sobre si mesmo com esta prática escrita.

TODOS OS DIAS...

Faça pausas periódicas e conscientize-se do que está pensando. Repare como os pensamentos podem afetar suas emoções e seu corpo.

LEMBRE-SE:

Pensamentos inúteis e emoções excessivamente intensas podem exercer um forte poder sobre você, prejudicando a sensação de bem-estar e desperdiçando seu precioso tempo e energia. Aquilo que você pensa afeta o modo como você se sente, do ponto de vista emocional e físico. Aprender a reconhecer e a observar os pensamentos sem se identificar totalmente com eles atenuará o controle dos pensamentos sobre você e trará mais equilíbrio à sua vida.

4

Escute e olhe: dentro e fora

A verdadeira viagem de descobrimento não é procurar
novas terras, mas ter um novo olhar.
– Marcel Proust, *A Prisioneira*

É muito comum sentirmos que o mundo ficou menor, mais fechado e mais restrito quando estamos doentes. Provavelmente você passará menos tempo ao ar livre e mais tempo em casa ou no hospital. Mesmo que consiga sair e circular por aí, poderá ficar tão entretido no mundo interno – seu corpo e pensamentos – que nem perceberá o mundo imediatamente ao seu redor, dentro e fora do espaço que você habita. Ou, então, poderá decidir simplesmente fechar-se para o que acontece à sua volta, pois talvez não goste da situação atual – no fundo, você preferiria estar em outro lugar.

Trabalhei durante muitos anos com pessoas com doenças graves, inclusive pacientes oncológicos submetidos a transplantes de medula óssea. Como enfermeira e pesquisadora na unidade de transplantes de medula óssea, testemunhei os desafios desses pacientes hospitalizados e mantidos isolados por períodos mínimos de três semanas, como medida de precaução. Geralmente não querem estar no hospital, principalmente por tanto tempo. Além de não se sentirem bem e estarem separados das pessoas que amam, simplesmente acham o lugar desagradável, apesar das melhores intenções da equipe dedicada ao tratamento. O ambiente do hospital está sempre repleto de máquinas apitando, com interrupções constantes a qualquer hora do dia e da noite, odores desagradáveis ou tipicamente associados à assepsia de um hospital, sem falar na cama desconfortável. Aguentar um ambiente como esse por várias semanas não é para qualquer um.

Reconhecendo esses desafios, meus colegas e eu decidimos adaptar e levar práticas de mindfulness para pacientes hospitalizados. Uma das práticas que se mostrou especialmente útil envolve a consciência auditiva e visual. Qualquer pessoa que se sinta prisioneira do próprio corpo ou confinada a um espaço limitado pode se beneficiar desta prática de prestar, intencionalmente, atenção aos sons e imagens. Assim como em outras práticas de atenção já discutidas aqui, esta prática promove a estabilidade da mente. No entanto, também ajuda a desenvolver uma sensação de espaço, e a aceitar e valorizar o ambiente imediatamente ao redor, criando uma conexão com o ambiente externo.

OBSERVE OS SONS

A qualquer momento, sempre há uma série de sons diferentes no ambiente. Entretanto, provavelmente você só perceberá um ou dois dos sons mais altos ou mais interessantes. Mesmo com esses sons que você obviamente escuta (alguém falando com você, por exemplo) há uma boa chance de você não perceber de fato as qualidades dos sons, ou o modo como chegam ao seu corpo ou afetam seu humor.

À medida que exploramos a consciência do som, considere as seguintes questões: Como ocorre sua relação com o som? Você é uma pessoa auditiva, no sentido de ter mais facilidade de aprender as coisas por meio da audição? Gosta de ouvir vários sons baixos, simultâneos e contínuos ao seu redor ou prefere o silêncio? Há momentos em que gosta de barulho e outros em que aprecia a quietude? Qual o impacto gerado por diferentes sons em suas emoções e nas sensações corporais? Que sons o agradam? Como você sabe que lhe fazem bem – em que parte do corpo você sente isso? Por outro lado, que sons o desagradam? O que há de desagradável neles e em qual região do corpo você sente isso? De um modo geral, quais pensamentos (por exemplo, lembranças, fantasias ou concepções) vêm à cabeça ao ouvir diferentes sons? Você tem alguma dificuldade de audição, hipersensibilidade aos sons ou sente um zumbido nos ouvidos? Neste caso, que sentimentos vêm à tona quando você analisa ou se depara com esses desafios auditivos?

Pense um pouco em todos os diferentes sons que você está escutando simultaneamente neste momento: os sons do seu quarto, os sons do prédio onde você está, ou os sons externos. Na parte interna do edifício você poderá ouvir pessoas conversando, rindo, andando, ou o som de água corrente, música e aparelhos eletrônicos, por exemplo. Se prestar mais atenção, poderá perceber talvez o tique-taque de um relógio, um gato ronronando ou a vibração do aquecedor ou do ar condicionado. Quanto aos sons que vêm de fora, talvez você perceba a chuva caindo, o vento soprando, os carros passando, cachorros latindo, e os sons de pássaros e grilos.

O número de sons que chegam a você em um determinado momento pode ser bem grande. Você tem condições de expandir intencionalmente seu campo de consciência para uma ampla gama de sons diferentes. Pode examinar diversos sons ao seu redor e escolher focar naqueles que sejam agradáveis e proporcionem bem-estar. Pode ser o som da chuva suave batendo no telhado, levando suas preocupações com ela, ou o tique-taque do relógio, ajudando-o a permanecer centrado. Talvez seja um som que você nunca ouviu antes ou jamais tenha reparado as sensações que ele provoca em você. Com atenção, agora poderá perceber que alguns sons o deixam feliz, revigorado ou relaxado, enquanto outros o deixam tenso, triste ou agitado. A prática da consciência do som forma uma base para que você possa viver experiências diretas no momento presente, por meio da audição. Ajuda a discernir diversos sons disponíveis a qualquer momento e a perceber como você se sente após ouvi-los. Você pode voltar sua atenção totalmente para sons que promovam um certo bem-estar e deixar de lado ou desligar-se de sons que geram inquietação.

• PRÁTICA DE MEDITAÇÃO •
Escutando o Que Está Dentro e Fora

• Encontre uma posição confortável, deitada ou sentada, e conscientize-se da região do tórax e do abdômen, expandindo a cada inspiração e contraindo a cada expiração.

• Quando a mente e o corpo estiverem estáveis, transfira a consciência da respiração para os sons. Se preferir, feche os olhos. Talvez seja mais fácil ficar atento aos sons se os olhos estiverem fechados.

• Examine seu campo de consciência em busca de sons que estejam perto de você. Observe os sons que chamam imediatamente sua atenção.

- Tente focar agora em um único som.
  - Repare as qualidades do som: o tom, a altura, a intensidade e o ritmo.
  - Ao escutar o som, sintonize-o com o corpo, tentando perceber se consegue sentir o som repercutindo em seu corpo. Se conseguir sentir, em que parte do corpo isso ocorre?
  - Observe os pensamentos ou sentimentos que podem surgir ao prestar atenção no som. Fique atento e veja se por acaso começa a se entusiasmar com histórias associadas ao som. Se isso acontecer, simplesmente reconheça que sua mente se dispersou e volte a observar as qualidades do som.
  - Quando sentir que é o momento, foque a atenção em outro som nas proximidades. Observe as qualidades desse som, em qual região do corpo ele repercute e se surge alguma emoção ou pensamento associado a ele.
- Faça o mesmo para explorar todos os sons ao seu redor.
- Em seguida, expanda seu campo de consciência para outros sons no prédio onde você está. Observe os diferentes sons: vozes, movimentos, aparelhos ou produtos eletrônicos, música, animais de companhia, etc. Quais os diversos sons que você consegue ouvir neste momento?
  - Quais as qualidades dos diferentes sons?
  - Preste atenção no modo como o corpo se sente ao escutar diversos sons.
  - Observe seus pensamentos e sentimentos enquanto examina os diferentes sons dentro da casa ou do edifício onde você está.
- Quando tiver explorado totalmente os diferentes sons do ambiente interno, expanda então sua consciência para

os sons externos. Repare que há diferentes tipos de som lá fora, como a chuva caindo ou o vento soprando. Diversos meios de transporte, como automóveis, caminhões, trens e aviões; pessoas conversando; cães latindo; pássaros piando, etc. Talvez tudo esteja bem silencioso e você suponha que não consegue ouvir nada. Permita-se então ficar quieto e prestar atenção de verdade a sons sutis ou à ausência de som.

- •• Tente não se deixar levar por histórias ou significados atribuídos aos sons; escute a essência dos sons.
- •• Preste atenção no modo como os sons afetam (ou não) seu corpo.
- •• Observe pensamentos (lembranças, planos ou ideias) que possam ser evocados por determinados sons.
- •• Repare se alguma emoção vem à tona em resposta a determinados sons.
- •• Tente manter o foco nas qualidades do som, nas mudanças do som de um momento a outro e no silêncio entre os sons.
- • Quando tiver explorado todos os diferentes sons externos, descanse e relaxe um pouco, e veja como se sente neste momento.

•ANOTE SUAS REFLEXÕES •
O Que Estou Escutando?

- • Deixe a mente e corpo se estabilizarem.
- • Feche os olhos e conscientize-se dos sons que consegue ouvir.
- • Escreva sobre a experiência de prestar atenção aos sons. Tente focar em um som de cada vez.
  - •• Foque nas qualidades do som: tom, altura, intensidade e ritmo.

•• Veja se consegue sentir o som repercutindo no corpo. Em que parte do corpo ele repercute?

•• Observe qualquer pensamento (inclusive histórias ou lembranças) ou emoção que surge a partir do som que você escutou.

OBSERVANDO IMAGENS

A capacidade de expandir a consciência vai além dos sons. Também está relacionada a outros sentidos, inclusive a visão. É muito comum termos um campo limitado de visão, o que nos impede de percebermos todas as diferentes imagens à nossa frente. Pode ser que você só veja o que procura ou espera encontrar, perdendo surpresas ou tesouros ocultos. Ou talvez veja apenas um pequeno detalhe do que procura e, consequentemente, perde o "quadro completo" que se encontra à frente. É possível que tenha uma ideia ou construção mental do que vê, em vez de observar as qualidades do que está realmente vendo.

Do mesmo modo como exploramos os sons, pense nas questões abaixo em termos de consciência visual: Como é sua relação com a visão? Você é uma pessoa visual, no sentido de ter mais facilidade para aprender as coisas por meio da visão? Qual sua percepção das cores, a luz, as sombras, a forma e a noção de espaço? Você se interessa por alguma experiência visual específica, dependendo do seu humor? Como aquilo que você vê afeta seu humor? Que cores, luzes e elementos espaciais fazem com que você se sinta bem? Como você sabe que o fazem sentir-se bem – em que parte do corpo você tem essa sensação? Por outro lado, que imagens ou qualidades dessas experiências visuais você considera desagradáveis? De um modo geral, que pensamentos (lembranças, fantasias, ideias) vêm à tona quando você vê coisas diferentes? Você tem algum problema visual? Neste caso, que sentimentos surgem quando você analisa ou se depara com esses problemas visuais?

Há uma infinita variedade de cores, tons, luzes, sombras e formas que podem chegar ao seu campo de consciência de um momento a outro. Que tal examinar seu campo visual da consciência e decidir ampliar o escopo do que você vê ou focar em determinadas imagens? Observe coisas que o fazem sentir-se vivo ou que favoreçam o contato com seus sentimentos, como nuvens brancas e fofinhas flutuando no infinito céu azul; o olhar brilhante e sincero de seu querido cãozinho; gotas de chuva deslizando lentamente pela janela. Talvez você perceba algo que não tinha visto direito antes ou não tinha se dado conta de como se sente com isso. Ao prestar atenção no que vê, reconheça como certas coisas o fazem sentir-se alegre, revigorado ou tranquilo, enquanto outras o deixam ansioso, triste ou irritado. Você também perceberá que pode mudar a consciência visual de acordo com sua vontade.

No livro *Selfless Insight: Zen and the Meditative Transformations of Consciousness*, o neurologista pioneiro James Austin (2009) descreve como diferentes partes do cérebro e do corpo são ativadas, dependendo de onde e em quê os olhos focam (o livro *Meditating Selflessly: Practical Neural Zen* [a ser publicado em breve] descreve este assunto em mais detalhes). Por exemplo, se você olhar para baixo ou para objetos inanimados à sua frente, provavelmente entrará em um estado de espírito mais autocentrado e discursivo. Por outro lado, se deixar que os olhos voltem-se naturalmente para cima, para ver as folhas nas árvores, as nuvens no céu ou as estrelas à noite, é mais provável que você seja receptivo e tenha uma sensação de abertura, sentindo-a no próprio corpo. Além disso, pesquisas recentes nesta área revelaram que direcionar o olhar para cima pode beneficiar vítimas de trauma. Em certos indivíduos, olhar para o alto permite que a pessoa dissolva a carga emocional associada ao trauma enquanto visualiza o episódio novamente (Austin, por comunicação pessoal).

PARE AGORA: Experimente olhar para a frente ou para baixo, focando em um objeto. Em seguida, de forma receptiva, olhe através da janela e veja a copa das árvores e o céu. Enquanto olha para diferentes direções, entre em sintonia com o corpo e veja como ele se sente.

• PRÁTICA DE MEDITAÇÃO •
Olhando para Dentro e para Fora

• Encontre uma posição que lhe permita olhar ao redor do quarto e, ao mesmo tempo, olhar facilmente pela janela ou porta.
• Encontre uma posição confortável. Talvez você prefira fechar os olhos e sintonizar-se com o ritmo natural da respiração.
• Quando se sentir centrado, abra os olhos. Sem mexer a cabeça, comece a observar a luz, as cores e as formas enquanto abre os olhos.
• Lentamente, com calma, examine o quarto, prestando atenção. Comece com as cores:
•• Observe as diversas cores e tonalidades.
•• Perceba como o corpo e a mente se sentem ao observar as diferentes cores.
• Volte a atenção para a luz e as sombras.
• Em seguida, observe as diferentes formas.

- Permita-se explorar e realmente mergulhar na experiência de observar a luz, as sombras e as formas. O que você vê?
  - Tente não se envolver em histórias sobre o que as imagens significam ou representam.
  - Permaneça focado nas qualidades ou na essência do que vê.
- Agora preste atenção no espaço – o espaço entre os objetos ou os ambientes – e observe como o corpo e a mente se sentem enquanto você explora essa sensação de espaço.
- Quando tiver explorado totalmente a experiência visual dentro do quarto, volte a cabeça e o corpo para a janela e veja o que há lá fora.
  - Sem pressa, examine o campo visual da consciência do que está lá fora.
    Explore a cor, as tonalidades, a luz e as sombras, as formas e o espaço. O que você vê?
  - Como seu corpo se sente enquanto você olha para diversas coisas lá fora?
  - Alguma lembrança ou plano lhe vem à cabeça?
  - Alguma emoção? Qual?
  - Caso sinta a mente começando a divagar em histórias elaboradas, reconheça o fato com curiosidade (por exemplo, *Nossa, que interessante...*) e depois volte a focar a atenção na cor, na luz, nas formas, etc.
  - Tente manter a simplicidade da prática.
- Quando tiver olhado atentamente para tudo lá fora, feche os olhos e permaneça sentado em silêncio por alguns instantes, observando como se sente nesse momento.

- **ANOTE SUAS REFLEXÕES** -
  O que vejo?

- Deixe a mente e o corpo se acalmarem e, por alguns instantes, feche os olhos ou mantenha-os abertos com um olhar suave, sem focar em nada.
- Abra os olhos ou intensifique o foco para perceber bem o que você vê.
  Talvez prefira começar olhando para cima.
- Anote o que vê.
  - Observe as qualidades do que vê: as cores ou tonalidades, luz e sombras, formas e a sensação de espaço.
  - Descreva como seu corpo se sente ao olhar o que está no seu campo de visão.
  - Escreva comentários sobre qualquer pensamento ou emoção que possa surgir ao olhar para o que está no seu campo de visão.

CONSCIÊNCIA COM VIVACIDADE E ESPAÇO

Ao desenvolver a capacidade de escutar e olhar com mindfulness, você perceberá como o mundo ao seu redor adquire uma perspectiva diferente. Surgem duas qualidades: vivacidade e noção de espaço. *Vivacidade* é o oposto de monotonia e corresponde ao aprofundamento e enriquecimento das experiências quando os sentidos ficam mais aguçados. Gera uma espécie de vibração, fazendo com que experiências corriqueiras adquiram um significado maior. *Espaço* é o oposto de contração. Neste contexto, espaço refere-se à ideia de expansão gerada pela consciência de uma ampla gama de sons e imagens que estão ao seu alcance a qualquer momento. Permite que você não se sinta confinado, como um refém de suas circunstâncias ou limitações físicas, e volte-se para as infinitas possibilidades trazidas pelas experiências que estão disponíveis neste exato momento.

A História de Julie: O Tique-Taque do Relógio, Árvores Balançando ao Vento

Julie tem quarenta e seis anos. É casada e mãe de duas filhas jovens. A leucemia recidivante obrigou-a a internar-se no hospital para um tratamento extenso, que deveria levar várias semanas. Sentia saudades da família e da casa. Simplesmente odiava estar naquela situação e queria dormir praticamente durante todo o período de internação. Estava farta da monotonia da rotina e do ambiente estéril e sem graça do quarto do hospital, e frustrada com as interrupções que ocorriam o tempo todo. Estava tão preocupada com a intensidade do seu mal-estar que não conseguia parar de sentir medo e de pensar nas piores situações possíveis. Sempre que Julie olhava para o relógio, ficava agitada. Sentia que o tempo não passava, mas que *seu* tempo estava acabando. Mantinha as persianas das janelas sempre fechadas, já que não poderia sair do quarto tão cedo.

Ciente de como estava mal, Julie decidiu explorar as práticas de mindfulness para tentar lidar melhor com a situação. Trabalhou com uma enfermeira que sabia ensinar mindfulness com muita competência e escutou gravações de meditação guiada. Achava que não lhe fariam mal e, quem sabe, poderiam até ajudar. Embora Julie estivesse no mesmo lugar, com rotinas diárias semelhantes, começou a notar coisas que nunca tinha percebido e sua atitude passou de desinteressada a curiosa. Em vez de tentar ignorar o que estava acontecendo e desejar que as coisas fossem diferentes, aos poucos Julie começou a se abrir para as experiências, escutando e vendo as coisas com amorosidade e curiosidade.

Dentro do quarto do hospital, apesar da televisão barulhenta, dos avisos pelo interfone e dos ruídos e *beeps* dos aparelhos de alta tecnologia, Julie conseguiu focar a atenção no som baixo e contínuo do sistema de ventilação. Sentia-se segura com a constância daquele sistema especialmente desenvolvido para purificar o ar e mantê-lo livre de organismos prejudiciais. Julie também conseguia ouvir o relógio. Percebia como sua mente se deixava levar por histórias sobre o que o relógio representava (por exemplo, quando o tempo custava a passar ou quando sentia que não teria tempo de vida suficiente); neste caso, simplesmente voltava a atenção para os sons e para o tique-taque do relógio, um segundo de cada vez. Gradativamente, começou a perceber como ficava centrada ao escutar e observar o tique-taque do relógio. Esse som tornou-se um ponto neutro de atenção e ela conseguiu sincronizá-lo com o ritmo da respiração. Também começou a perceber os líquidos intravenosos (IV) gotejando de forma contínua e fluindo para o interior do corpo. Percebeu que, anteriormente, via o acesso intravenoso como algo que a "amarrava" ao leito, como um lembrete de sua doença. Parar e olhar para as pequenas gotas de líquido caindo permitiram-lhe centrar-se no momento presente, com uma gota de cada vez. Finalmente Julie conseguiu vencer sua resistência ao acesso intravenoso e percebeu como o fato de estar conectada a ele era importante para mantê-la viva. Assim, sempre que ouvia o *beep* da máquina de IV (indicando que a medicação tinha parado de fluir ou que estava na hora de mudar a bolsa), em vez de ficar tensa, usava o som como oportunidade para centrar-se e lembrar-se de prestar atenção na respiração.

Ao olhar pelo quarto, Julie reparou nas cores dos inúmeros cartões e desenhos pendurados no peitoril da janela e colados na parede, e teve uma revelação que preencheu seu coração de um amor sem limites: percebeu profundamente quantas pessoas se importavam com ela e tinham parado para dar-lhe atenção e desejar-lhe coisas boas.

A prática de escutar e olhar para fora era muito difícil para Julie. Via-se tomada pela tristeza, pois não podia ser "normal" e simplesmente levar a vida livremente, como as pessoas que enxergava pela janela. Certa vez, entretanto, em vez de resistir à tristeza, simplesmente sentou-se à janela e olhou para fora. Permitiu-se estar com a tristeza, enquanto os olhos se enchiam de lágrimas e um aperto invadia a garganta e o peito. Ao se conectar e respirar com esses sentimentos, pôde senti-los dissiparem-se lentamente. Em seguida, conseguiu olhar pela janela e ver o que realmente acontecia lá fora. Sua atenção voltou-se para o céu, em toda sua vastidão, e para as nuvens, que adquiriam novas formas e se moviam à sua frente. Pôde ver os pássaros voando e as árvores balançando ao vento. Ao ver as crianças brincando, perguntou-se como suas próprias filhas estariam se virando sem ela e, silenciosamente, enviou-lhes bons pensamentos. Julie percebeu que, ao olhar para fora e ver o céu, os pássaros e as árvores, começara a se conectar com a natureza, que sempre havia sido uma fonte de força para ela. Sua mente tornou-se mais livre e aberta. Sentiu-se confortada ao perceber que o mundo continuava existindo e que, de certa forma, por menor que ela fosse, ainda fazia parte do todo.

PARE AGORA: Faça uma pausa e observe como você se sente após ter lido a história de Julie. Como está o seu corpo? Que pensamentos e sensações você está vivenciando neste momento? Que aspecto da história de Julie mexeu com você? Com o que você se identificou? Com o que não se identificou? Simplesmente pare e veja o que é real para você neste momento.

TODOS OS DIAS...

• Pelo menos uma vez por dia, pare o que está fazendo ou pensando, feche os olhos e escute os sons. Veja se consegue discernir os diferentes sons que chegam aos ouvidos, todos ocorrendo ao mesmo tempo. Observe o que surge ao focar a atenção nos sons.

• Reserve alguns momentos para sair ao ar livre e olhar para o céu. Se não puder sair, olhe então pela janela ou porta. Olhe para cima e conecte-se com a natureza, observando coisas como a cor do céu, o movimento e o formato das nuvens, as estrelas e a lua, as árvores balançando, a cor das folhas, os pássaros, borboletas, gotas de chuva ou flocos de neve, a luz e as sombras.

Lembre-se:

A cada momento há inúmeros sons e imagens ao seu redor, mas é provável que você raramente escute ou veja o que está à sua frente. É possível focar a atenção, intencionalmente, em diversos sons e imagens e depois observar como o corpo e a mente reagem. A prática de prestar atenção aos sons e imagens com mindfulness trará mais vida às suas experiências e proporcionará uma sensação de espaço e conexão com o mundo ao seu redor.

5

ATIVIDADES DIÁRIAS – ACEITANDO MUDANÇAS

Que a beleza que amamos seja aquilo que fazemos.
Há uma centena de maneiras de ajoelhar-se e beijar o chão.
— Rumi, *The Essential Rumi*

Muitos de nós passam dia após dia no piloto automático, acordando e saindo da cama sem a menor noção do que está fazendo. Ficamos perdidos em pensamentos – planos, preocupações, arrependimentos e fantasias, tentando solucionar os problemas do mundo – tudo isso ao mesmo tempo, enquanto escovamos os dentes. Ao fazer as coisas ao longo do dia, será que você se dá conta da experiência real por trás daquilo que está *fazendo*? Todas as atividades simples da vida cotidiana – como alimentar-se, caminhar, lavar o rosto e tomar medicamentos – são oportunidades para centrar-se na consciência do momento presente. Não é necessário fazer algo especial ou viajar para algum lugar exótico.

Em meus cursos de mindfulness para pacientes no hospital, geralmente sugiro que o alarme dos aparelhos intravenosos (que indicam que a medicação terminou ou que a bolsa de fluidos precisa ser trocada) seja um lembrete para manterem-se presentes na experiência. Em vez de pedir que parem e façam um intervalo na prática de meditação ou que ignorem o som do alarme, peço aos pacientes que integrem o som e a experiência em questão ao campo de consciência; que observem as qualidades (tom, frequência e volume) do som, a presença da enfermeira ajustando o aparelho e prestem atenção nos pensamentos (por exemplo, *Por que o alarme tocou?* ou *Quando será que a enfermeira terminará de mexer no aparelho?* e às reações (tensão ou aborrecimento). Este é um exemplo que nos mostra como as interrupções da vida real podem ser integradas às prática.

O alarme dos aparelhos ou o *beep* dos computadores é algo bastante comum, tanto no hospital como em casa, e ocorre várias vezes por dia. Ao longo do dia, sempre que um aparelho ou computador emitir um som, use essa experiência como um lembrete para fazer uma pausa e centrar-se nas sensações da respiração, observando o que você está fazendo, o que está pensando e como se sente. Considere os diversos sons associados a situações comuns do dia a dia que possam lembrá-lo de voltar ao momento presente (como o toque do telefone ou da campainha e o *beep* de um aviso de email).

Estar presente enquanto você se envolve nas atividades diárias não significa que você necessariamente precisará considerá-las agradáveis. Às vezes, pode ser que até sinta uma certa alegria ou satisfação, mas nem sempre. Poderá ter vários novos insights sobre si mesmo e sobre a forma como você vê, interpreta e reage ao que está acontecendo. Ou talvez repare em algo que nunca havia percebido antes, mesmo que esteja fazendo a mesma coisa pela milésima vez. Poderá perceber como a experiência de uma atividade familiar pode parecer diferente do que era antes. Parece diferente porque, no fundo, é diferente mesmo! Não há dois momentos iguais. Você é diferente, sua consciência é diferente e as circunstâncias são diferentes. Quando reconhecer que as coisas não são as mesmas, começará a valorizar a mudança, com toda sua onipresença e inevitabilidade.

Na realidade, a mudança está acontecendo ao nosso redor e dentro de nós a cada dia, quer estejamos cientes, ou não. Muitos anos atrás, quando estava aprendendo a meditar, tive um insight importante sobre a mudança. Era primavera e sentei-me em frente a um buquê de narcisos recém-colhidos. Enquanto tentava me centrar, durante os primeiros minutos da meditação, simplesmente observei os caules dos narcisos e os botões fechados. Prestei atenção nas cores, nas formas e no perfume. Em seguida, comecei a reduzir o foco e passei a prestar atenção nas sensações da respiração. Cerca de trinta minutos depois, abri totalmente os olhos, expandi meu campo de consciência e simplesmente continuei sentada, mais uma vez "recebendo" as flores que estavam à minha frente. Para minha surpresa, os botões não estavam mais fechados. As pétalas começavam a se abrir, o perfume era mais intenso e mais doce, e os tons de amarelo estavam mais vivos. A mudança estava acontecendo bem ali, diante de meus próprios olhos! Não podia acreditar. Essa experiência me convenceu a prestar muita atenção a outras mudanças que estavam acontecendo, não apenas ao redor, mas dentro de mim. Para minha tristeza, passei a perceber novos cabelos brancos e novas sardas ao me olhar no espelho e a notar como meu corpo já não é tão ágil quanto antes. Outras mudanças se revelaram no meu corpo e em minha capacidade de fazer as atividades diárias. Reconheci também minha aversão às mudanças nem sempre agradáveis em meu corpo. Aprendi muito sobre mim mesma com essa autorreflexão: percebi o quanto me custava aceitar mudanças em mim e nas pessoas que amo, seja por envelhecimento ou doença. Agora sei que não estou sozinha, pois a mudança é um desafio para todos. Como podemos aceitar mudanças inevitáveis em nosso corpo e em nossas vidas diárias, relacionadas ao envelhecimento e à doença? Podemos trazer a consciência ao nosso dia a dia para nos centrarmos na experiência do momento presente e aceitarmos mudanças constantes, à medida que ocorrem.

CONSCIÊNCIA NAS ATIVIDADES DIÁRIAS

Cada atividade realizada ao longo de um dia é uma oportunidade para praticar mindfulness. Alimente-se, caminhe e lave o rosto ciente do que está fazendo e de como se sente.

Alimentando-se em Mindfulness

Se considerarmos a frequência com que geralmente consumimos alimentos e bebidas ao longo de um dia, faz sentido que a alimentação em mindfulness seja uma prática essencial ao cultivo de mindfulness na vida diária. Embora alimentos e líquidos sejam necessários para nos mantermos vivos, essas atividades costumam envolver associações positivas, como o prazer de saboreá-los e os agradáveis aspectos sociais inerentes às refeições.

Para pessoas com doenças graves, entretanto, alimentar-se e ingerir líquidos são atividades que podem envolver desafios tremendos, reduzindo drasticamente os aspectos prazerosos.

Algumas pessoas que não se sentem bem não têm vontade de se alimentar devido à falta de apetite ou às náuseas resultantes dos efeitos colaterais da medicação e de outras mudanças corporais associadas à doença. Alterações no paladar também são comuns e, para muitos pacientes, certos alimentos já não têm mais o mesmo sabor de antes. Algumas pessoas com doenças graves ficam com a boca seca, apresentam dificuldades de deglutição ou uma sensação de saciedade e tudo isso limita a quantidade de alimentos que conseguem ingerir. Outras pessoas podem ter inflamações na gengiva ou feridas na garganta – a ardência e queimação são tão intensas que passam a evitar qualquer alimento.

Caso você tenha problemas alimentares associados à doença, alimentar-se em mindfulness poderá ajudá-lo bastante. Mindfulness o estimulará a escutar seu corpo e a tomar decisões conscienciosas sobre a dieta, com base no seu organismo e em como você se sente no momento. Se perceber alterações no paladar, esta será uma oportunidade de experimentar alimentos diferentes e explorar diversos aromas e texturas para descobrir o que lhe apetece mais. Mesmo que não consiga deglutir, talvez ainda possa desfrutar dos prazeres de uma boa refeição ao colocar o alimento sobre os lábios e a língua, mastigando-o um pouco e depois cuspindo-o em um guardanapo de papel. Se tiver feridas na boca, boca seca ou falta de apetite, chupar lascas de gelo em mindfulness pode ser uma boa opção.

Uma amiga chamada Elizabeth tinha uma doença progressiva que reduziu muito seu apetite e provocou problemas gástricos. A situação piorou com os medicamentos usados para controlar os sintomas, que levaram a um ressecamento extremamente intenso na boca. Sentia como se estivesse com a boca cheia de algodão. Descobriu que a simples prática de ingerir lascas de gelo em mindfulness era algo que a satisfazia e acalmava. Prestava atenção em cada lasca de gelo que levava aos lábios, sentindo a refrescância. Depois, lentamente, colocava a lasca na boca, sentindo-a derreter e deslizar pela garganta. Esta prática de comer uma lasca de gelo por vez acalmava sua mente e o estômago, umedecia a boca e saciava a sede. A alimentação pode conter uma carga emocional, pois está relacionada ao prazer, à socialização e a lembranças. Devido ao lado social da alimentação e justamente porque a comida é geralmente tida como uma expressão de amor em muitas culturas, o ato de alimentar-se (ou não) pode ser problemático para aqueles que convivem com uma doença grave. Pode aproximá-lo de seus entes queridos ou gerar hostilidade. Se você tem problemas para se alimentar, provavelmente tenta evitar encontros sociais e sente-se frustrado por não conseguir comer ou porque a família e os amigos continuam insistindo para que você os acompanhe durante as refeições. Embora você saiba que a pressão vem de boas intenções, poderá acabar se distanciando ainda mais ou até ficar agressivo com as pessoas que ama, arrependendo-se depois. A prática de mindfulness pode ajudá-lo a se abrir e a lidar com mais naturalidade com os aspectos sociais da alimentação. Uma possibilidade é conscientizar-se das boas intenções dessas pessoas, sempre que preparam e cozinham aquilo que você mais gosta de comer. Em vez de agredi-las, transmita seu amor e gratidão, ainda que não consiga comer aquilo que prepararam para você.

PARE AGORA: Repare como você se sente neste exato momento. Quais emoções e sensações corporais são verdadeiras neste momento, enquanto você pensa nas pessoas que ama e nas questões relacionadas à sua alimentação?

Apesar dos inúmeros desafios possivelmente enfrentados por pessoas com uma doença limitante, consumir alimentos e líquidos em mindfulness pode ser uma prática diária positiva e poderosa. Envolve prestar atenção aos diferentes sabores, aromas e sons (de um alimento crocante, por exemplo) e sensações táteis (temperaturas e texturas na boca e nos lábios) e fazer tudo isso com uma atitude receptiva, curiosa e tranquila. É provável que o ato (ou a incapacidade) de alimentar-se gere algumas emoções fortes, portanto a prática de alimentar-se em mindfulness é uma oportunidade maravilhosa para aprender mais sobre você mesmo, inclusive sobre as reações automáticas que possa ter aos aspectos agradáveis e desagradáveis inerentes à experiência da alimentação. Você poderá ter mais insights ao perceber como associa naturalmente certos alimentos a lembranças de ocasiões significativas, pessoas e lugares especiais. Tais associações ocorrem porque as áreas do cérebro associadas ao odor e ao paladar estão intimamente ligadas às regiões da memória.

A alimentação em mindfulness pode também incluir consciência e gratidão pelo modo como os alimentos foram cultivados ou produzidos, e pela interconexão entre você, a natureza e pessoas desconhecidas envolvidas nessa longa trilha produtiva, que permitiu que o alimento chegasse ao seu prato e à sua boca. Por exemplo, veja os mirtilos fresquinhos que estão na tigela do seu café da manhã: o sol, a chuva e os nutrientes do solo fortaleceram os arbustos; os agricultores cultivaram e colheram os mirtilos; alguém encarregou-se de lavar, embalar e transportar essas frutas para o mercado local; um querido amigo, que sabe o quanto você adora mirtilos, foi até o mercado comprá-los; e, de manhã, seu cônjuge colocou-os em uma linda tigela de cerâmica e trouxe-os para você saboreá-los e ficar bem alimentado.

• PRÁTICA DE MEDITAÇÃO •
Alimentando-se em Mindfulness

Escolha um alimento que aprecie e que não traga problemas ao seu organismo. Se não conseguir aceitar alimentos no momento, faça este exercício com lascas de gelo. Mantenha uma atitude curiosa, como se estivesse consumindo este alimento pela primeira vez, ou como se fosse uma experiência e você não soubesse o que esperar dela. Tente seguir as instruções abaixo com os olhos abertos e depois com os olhos fechados, e observe a diferença.

• Comece o exercício segurando o alimento nas mãos e explore as sensações, observando a temperatura, a textura, o formato, etc.

• Observe se algum som é produzido pelo alimento que está em suas mãos (ao pressioná-lo ou agitá-lo).

• Sinta o aroma e preste atenção às qualidades olfativas (ou ausência de aroma) e a qualquer lembrança associada a este aroma.

• Observe o alimento com atenção. Veja as cores, formas, repare se é translúcido, etc. Aproxime-o da luz e note se há alguma diferença.

• Aos poucos, leve um pedaço (de preferência, bem pequeno) à boca. Não coloque-o imediatamente na boca. Observe a saliva começando a se formar e qualquer outra reação, como o impulso de querer comer rapidamente, por exemplo.

• Deixe o alimento sobre os lábios por alguns instantes, observando as sensações labiais e tentando descobrir se há algum sabor ou aroma.

• Em seguida, leve o pedacinho de alimento à boca. Não o engula: deixe-o passar por diferentes regiões da boca,

durante pelo menos vinte segundos. Sinta o sabor e veja se ocorre alguma alteração, dependendo da parte da língua em contato com o alimento. Observe a textura e a umidade. Veja se o alimento começa a se dissolver na boca, ou não. Mastigue bem (se for algo sólido). Conscientize-se de que está mastigando e observe as sensações.
- Quando achar que é o momento, engula o alimento. Preste atenção nas sensações e imagine o movimento interno, à medida que o alimento passa da parte posterior da garganta para o esôfago, até chegar ao estômago. (Atenção: se não conseguir deglutir, cuspa o alimento em um guardanapo – não o engula, evitando que ele desça pelas vias aéreas em vez do esôfago).
- Repita as etapas acima com o restante do alimento até terminar tudo. Não se apresse. Tente permanecer presente para a experiência. Veja se consegue perceber algo novo a cada vez que repete o processo.
- Observe o que há de agradável ou desagradável na experiência e se há qualquer tendência de julgamento, desejo ou aversão.
- Preste atenção na origem do alimento e perceba que você também está conectado ao mundo natural e a todas as plantas, animais e indivíduos que produziram o alimento e o trouxeram até você.
- Sinta gratidão ao longo de toda a experiência: seja grato por conseguir se alimentar e pense em todos os seres que deram suas vidas e dedicaram seu trabalho para que esses alimentos chegassem a você.

Movimentando-se em Mindfulness

Outra forma de incorporar mindfulness à vida diária é prestar atenção nos movimentos corporais. Observe como você se movimenta e como se sente ao fazer movimentos corporais naturais ao longo do dia (ao caminhar ou fazer a cama, por exemplo). Outra alternativa é mexer o corpo intencionalmente, com consciência e atitude receptiva, seja com yoga suave ou com outras atividades de alongamento e movimentos leves. Movimentar o corpo é bom para você. Aumenta a circulação sanguínea, deixa a respiração mais profunda, dá mais energia, melhora as articulações, alivia a tensão muscular, aumenta a flexibilidade, promove a integridade da pele e aumenta a sensação de bem-estar. Muitas pessoas dizem que se sentem melhor e ficam menos estressadas quando caminham e se alongam. Além disso, incorporar uma dimensão de mindfulness traz outros benefícios: deixa-o mais centrado e torna a experiência mais agradável.

Caminhando em Mindfulness

Há uma série de maneiras de caminhar em mindfulness. Uma opção é prestar atenção no contato físico com o chão ou o solo. Isso deixará sua mente centrada. Se você caminhar lentamente, começará a se conscientizar do processo de levantar e abaixar cada um dos pés. Preste atenção no equilíbrio: como você se sente quando literalmente perde o equilíbrio e o que faz para recuperá-lo? Se andar rápido, perceberá uma aceleração nas frequências cardíaca e respiratória. Poderá sincronizar a respiração aos movimentos dos pés: por exemplo, ao inspirar, levante o pé e, ao expirar, toque o chão novamente. Isso o ajudará a manter o foco. Outra possibilidade é expandir a consciência para o ambiente ao redor, enquanto caminha e foca a atenção na experiência, em vez de deixar-se levar pelo pensamento.

• PRÁTICA DE MEDITAÇÃO•
Caminhando em Mindfulness

- Levante-se e preste atenção nos pés tocando o chão ou o solo. Sinta a terra sustentando-o.
- Lentamente, dobre o joelho esquerdo e levante o pé. Estique a perna e coloque o pé novamente no chão. Observe a pequena pausa entre os passos.
- Repita a sequência anterior com o pé e a perna direita. Continue prestando atenção no ritmo natural da caminhada, durante cinco minutos, concentrando-se em uma perna primeiro e depois na outra.
- Observe sensações de equilíbrio ou desequilíbrio e veja como você faz para se estabilizar e recuperar o equilíbrio.
- Tente sincronizar sua respiração com cada passo: inspire ao levantar o pé e expire ao abaixá-lo. Continue por alguns minutos.
- Expanda a consciência para o ambiente ao redor. Se estiver ao ar livre, observe a natureza – o céu, os pássaros, as árvores ou até mesmo algum formigueiro que esteja no chão, perto de você.

Alongando-se com Mindfulness

Alongar o corpo suavemente, em mindfulness, é a base do yoga, uma prática antiga que literalmente significa "união entre corpo e mente". Muitas pessoas têm suas próprias ideias sobre o que é yoga, conjecturando imagens de corpos esbeltos, contorcendo-se em posições impossíveis de serem feitas por uma pessoa normal. Embora alguns praticantes e mestres sérios de yoga realmente enquadrem-se nessa categoria, o yoga tem muito mais a oferecer e pode ser praticado por qualquer um. Em vez de focar na palavra "yoga", prefiro usar o termo *alongamento em mindfulness* e acabar com qualquer eventual resistência à exploração desta prática. Ao nos alongarmos em mindfulness, movemos partes do corpo com delicadeza e atenção em uma determinada direção, até sentirmos a resistência natural do corpo. Em seguida, ficamos um pouco nessa posição e continuamos respirando, sentindo a resistência, até relaxarmos e voltarmos à posição original. Por exemplo, você pode alongar lentamente o pescoço (área em que a maioria de nós acumula tensão) em mindfulness e cuidadosamente inclinar a orelha em direção ao ombro. Quando sentir um leve desconforto, pare e fique na posição, respirando algumas vezes; em seguida, relaxe e volte a cabeça para o centro, repetindo a sequência do lado oposto. Observe como o corpo se sente antes e depois do alongamento. No alongamento em mindfulness entramos em contato com o próprio corpo para escutá-lo, ou seja, alongamos até o ponto em que nos sentimos bem e paramos imediatamente se houver alguma dor.

Exercícios de Amplitude de Movimento

Outro tipo de movimento em mindfulness é a prática de exercícios suaves, explorando a amplitude dos movimentos. A maioria das pessoas consegue praticá-los, mesmo quem não possa sair da cama. Envolve exercícios simples, de levantar os braços e pernas, bem como rotação das articulações (dedos, punhos ou tornozelos) enquanto prestamos atenção às sutilezas dos movimentos.

Lembro-me de um período em que convivi com um senhor chamado Jim, quando trabalhava como enfermeira em uma unidade de cuidados paliativos. Ele estava fraco demais para se levantar, então fazíamos uma prática de mindfulness com movimentos suaves, usando apenas as mãos. Ele observava as palmas das mãos e olhava com atenção os sulcos e a textura da pele. Em seguida, lentamente, dobrava um dedo de cada vez. Ao terminar, desdobrava um dedo após o outro e, silenciosa e ritmicamente, repetia a sequência várias vezes. Durante o processo, sentia uma sensação de gratidão brotando dentro de si, ao perceber tudo que suas mãos haviam feito por ele, desde sempre: criando coisas para que ganhasse a vida como marceneiro, segurando a filha no colo quando era bebê e, agora, apertando com ternura as mãos da esposa, sempre que ela se sentava na cama, ao seu lado. Essa simples prática fez muito mais do que aumentar a flexibilidade das articulações: permitiu que Jim focasse a atenção na experiência do momento presente, ao mesmo tempo em que entrava em contato com lembranças significativas.

Mindfulness e Cuidados Pessoais

A prática de mindfulness também pode ser incorporada à vida diária durante atividades de higiene e cuidados pessoais, como tomar banho, escovar os dentes, pentear o cabelo, barbear-se, hidratar a pele e tomar medicamentos. Basicamente, todos os dias, ao longo de toda a vida, você realizou tarefas como essas sem perceber o que realmente estava fazendo.

Pare um pouco e pense no que acontece quando você toma banho. Você sente a água escorrendo pelo corpo? Percebe a espuma e o perfume do sabonete e do shampoo? São refrescantes? O banho afeta seu nível de energia?

Agora pense também no que acontece quando você toma seus medicamentos: está ciente de que os está tomando? Percebe a experiência de levar o medicamento à boca e engoli-lo? Está consciente dos pensamentos que vêm à mente (alívio ou resistência) ao se medicar?

Cuidados pessoais são uma forma prática de ser gentil com si próprio. Cuide de si mesmo com atenção e amor, da mesma forma como cuidaria das pessoas que mais ama. Você *também* merece. A qualidade da atenção que você dedica a essas atividades diárias afeta a forma como você se sente. Quanto mais consideração tiver por cuidados pessoais básicos, maior a probabilidade de sentir prazer e satisfação ao cuidar de si.

Muitas pessoas com doenças graves acabam precisando de assistência durante essas atividades regulares. Não importa se a ajuda vem de pessoas que você ama ou de profissionais: esta é uma oportunidade de ser receptivo e de perceber como outros o ajudam a cuidar de suas necessidades básicas. Permita-se ser cuidado, sem resistir. Fique totalmente presente na experiência de sentir alguém massageando e hidratando suas mãos e pés ressecados. Isso pode trazer-lhe muito conforto e relaxá-lo bastante.

ACEITANDO MUDANÇAS

À medida que você envelhece e a doença avança, possivelmente perceberá muitas mudanças na vida: no modo como seu corpo se sente, na aparência, nas funções e rotina diária. Talvez você não consiga mais fazer (ou faça com dificuldade) coisas que fez facilmente durante toda a vida. Pode ser que seu cabelo comece a ficar ralo e sua pele, mais pálida. Antigamente você cuidava dos outros, mas agora precisa ser cuidado. Além disso, sua rotina diária envolve cada vez menos trabalho e mais repouso.

Ajustar-se e aceitar uma infinidade de mudanças é extremamente difícil para muita gente. Neste processo de aprender a lidar com tantas mudanças inevitáveis, a tendência é focar em tudo o que está errado e naquilo que você não consegue mais fazer. Entretanto, isso não ajuda. É muito mais útil prestar atenção e considerar, sinceramente, o que *continua* bem e o que você *é capaz* de fazer. Alguns exemplos: é possível que você não tenha mais cabelo nem a aparência jovial, mas seu olhar ainda brilha. Talvez não consiga atender às necessidades de seus familiares com atividades físicas mas, ainda assim, pode ser um bom ouvinte e um conselheiro sensato. Pode ser que não consiga mais trabalhar no escritório, mas pode cuidar de questões pessoais. É pouco provável que faça "hiking" em uma montanha acidentada, mas pode levar o cachorro para passear. Apesar de tantas mudanças na saúde, em suas funções, papéis e rotina, sua essência não mudou. Você permanece a mesma pessoa e, como diz Jon Kabat-Zinn, fundador do programa MBSR, "Se você está aqui, então há muito mais coisas dando certo do que errado."

• ANOTE SUAS REFLEXÕES •
Aceitando Mudanças – *O Que Continua Dando Certo?*

Anote o que continua dando certo em você neste momento: O que você é capaz de fazer e sentir? Que partes do corpo ainda funcionam bem e que diferença você faz na vida das pessoas?

TODOS OS DIAS...
• Escolha uma atividade de cuidado pessoal (escovar os dentes, pentear o cabelo, tomar banho, barbear-se, passar hidratante no corpo ou tomar medicação) e faça-a em mindfulness. A qualidade de atenção e carinho deve

transmitir sua séria intenção de realizar tal atividade e mostrar que você merece ser cuidado com carinho.

• Escolha uma atividade doméstica (fazer a cama, lavar os pratos ou varrer o chão) e faça-a em mindfulness. Perceba a satisfação obtida ao levar a consciência para a experiência.

• Ao subir escadas, concentre-se em subir as escadas. Ao descer escadas, concentre- se em descer as escadas.

LEMBRE-SE:

Existem inúmeras oportunidades de praticar mindfulness ao longo de um dia normal, durante as atividade de rotina, como alimentar-se, caminhar, fazer tarefas domésticas ou escovar os dentes. Embora você possa perceber mudanças no corpo e na capacidade de executar as tarefas diárias, reconheça o que continua bem e tudo o que ainda é capaz de fazer.

Parte 2

COMPAIXÃO

6

ABRINDO A PORTA: COMPAIXÃO, BONDADE E PERDÃO

Quando você mantém um sentimento de compaixão, bondade e amor, algo abre automaticamente sua porta interna.
– XIV Dalai Lama, em *A Arte da Felicidade*

À s vezes a vida pode deixá-lo amargo, na defensiva ou entediado. O acúmulo de dificuldades e sonhos não realizados podem criar uma couraça de ferro metafórica ao redor do seu coração. Consequentemente, talvez você tenha perdido o contato com sua bondade inata – as sementes de bondade que foram plantadas quando você era criança – mas ela ainda permanece em você, basta ser cuidada e nutrida. Não importa sua idade ou o quanto seu coração tenha endurecido, sempre é tempo de dar nova vida à flor encantadora que existe dentro de você. Ao fazer isso, você abrirá a porta para a cura interna e criará o calor e o espaço que o une às outras pessoas e ao mundo ao seu redor. Sharon Salzberg, professora de meditação com um dom muito especial, diz, "Quando conseguimos redescobrir a graça que está dentro de nós e dos outros, revela-se de modo simples uma bênção já presente dentro de nós, com beleza e naturalidade" (Salzberg, 2004, 22).

Se voltarmos no tempo, veremos que a maioria das pessoas mais extraordinárias do mundo foram justamente aquelas que doaram a própria vida, de modo altruísta, para aliviar o sofrimento do outro. Jesus Cristo, Mahatma Gandhi, Madre Teresa, Nelson Mandela e o Dalai Lama são apenas alguns entre tantos seres maravilhosos cujo coração compassivo floresceu em meio à angústia de testemunhar o sofrimento dos outros. A compaixão de cada um deles foi incondicional. Brotava como uma fonte interna e derramava-se sobre aqueles que provocavam sofrimento. Mais recentemente, pudemos observar a mesma qualidade em Aung San Suu Kyi, líder pró-democracia da Birmânia, mantida em prisão domiciliar por quinze anos. Apesar de ter sido privada de sua liberdade por tantos tempo, não se tornou uma pessoa amarga e sua aura de bondade não diminuiu; permanece uma fonte infinita de motivação e compaixão. Em uma entrevista para a revista *Time* publicada menos de dois meses após a suspensão de sua prisão domiciliar (Beech/Rangoon, 2010), ela disse: "Em minha vida, fui cercada de bondade por todos os lados. Mais do que o amor, valorizo a bondade. O amor vem e vai, mas a bondade fica".

COMPAIXÃO

Uma amiga, Sarah, contou-me uma história que ilustra muito bem como podemos agir com verdadeira compaixão no dia a dia: A sogra de Sarah é uma pessoa difícil, não apenas com Sarah, mas com a maioria das pessoas. Se as coisas não saem como ela quer, desfia um rosário de críticas e acusações, gritando e menosprezando os outros. Esse seu estilo egoísta e agressivo afasta as pessoas e gera intensa animosidade. Em uma recente "explosão", Sarah observou uma mudança imprevisível na forma como enxergava a sogra. Começou a vê-la como uma criança frágil e insegura, que precisava do carinho da mãe. Nesse momento, Sarah baixou a guarda e abriu-se para a sogra, com profunda sinceridade. Em vez de afastar-se ou atacá-la verbalmente, em legítima defesa, Sarah disse: "Imagino como deve ser difícil para você. Se contribuí de alguma forma para essas dificuldades neste momento, peço-lhe desculpas". Pela primeira vez, no que pareciam ser horas de caos, houve uma certa tranquilidade, uma pequena pausa repleta de significado. A sogra virou-se para ela e seus olhos se encontraram. O semblante da sogra de Sarah suavizara e Sarah foi até ela e a abraçou. Não foi um abraço forçado, mas sim repleto de um carinho verdadeiro, de um desejo sincero de aliviar o sofrimento da sogra.

A compaixão vai muito além de simplesmente sermos agradáveis com os outros e desejar que sejam felizes. Compaixão é um desejo legítimo de aliviar o sofrimento do outro. É uma experiência corporal, avivada por uma preocupação desprendida e altruísta. Ter compaixão é relacionar-se com a dor emocional ou física do outro (ou ambas) e ter a motivação necessária para aplacar a dor.

Embora a compaixão seja obviamente focada no outro é importante reconhecer também o valor da autocompaixão. A compaixão com si próprio é a base para a compaixão com os demais. Autocompaixão significa olhar para dentro e gerar um sentimento de carinho e verdadeira intenção de aliviar seu próprio sofrimento. Ter autocompaixão não é o mesmo que ser egoísta. Ser gentil consigo mesmo e libertar-se da própria angústia abre as portas para que você seja receptivo, amável e prestativo com os outros. Algumas pessoas com doenças graves são duras demais com si próprias. Culpam-se por estarem doentes e por serem um peso na vida dos entes queridos. O cultivo da autocompaixão e do perdão é vital para dissipar o gélido remorso que limita a cura e a empatia.

Pesquisas Sobre Práticas de Compaixão

Um número cada vez maior de pesquisas revela os benefícios inquestionáveis da compaixão e mostra como cultivar essa qualidade humana. Os avanços na área foram obtidos graças à visão e aos esforços do Mind & Life Institute, organização sem fins lucrativos dedicada ao desenvolvimento de uma compreensão científica da mente, com o objetivo de reduzir o sofrimento dos indivíduos, da sociedade e promover o bem-estar. Pesquisas importantes sobre compaixão (e mindfulness) vêm sendo realizadas em várias instituições e programas de prestígio, como o Centro de Investigação de Mentes Saudáveis, da Universidade de Wisconsin, e o Programa Colaborativo de Estudos Contemplativos, da Emory University.

Richie Davidson, Antoine Lutz e seus colegas da Universidade de Wisconsin realizaram uma série de estudos sobre meditação da compaixão. Grande parte do que aprenderam resultou de comparações entre praticantes proficientes em meditação da compaixão (mais especificamente, monges budistas que haviam praticado a meditação da compaixão por dezenas de milhares de horas, literalmente) e novatos (pessoas comuns, sem qualquer experiência com o aprendizado de práticas formais para cultivo da compaixão). Os dados demonstraram que as práticas de compaixão estão relacionadas à ativação de regiões do cérebro envolvidas com a emoção, empatia e planejamento dos movimentos corporais em resposta a sons impactantes, como gritos ou choros perturbadores (Lutz, Brefczynski-Lewis, et al.,

2008). Tais achados científicos mostram que o cultivo da compaixão melhora o lado emocional, o compartilhamento de experiências com o outro e a prontidão para agir e aliviar o sofrimento. Além disso, os pesquisadores demonstraram uma ligação entre as práticas de compaixão e a atividade cerebral de alta frequência, conhecida como *onda gama* (Lutz et al., 2004). Praticantes experientes de meditação da compaixão possuem uma magnitude incrivelmente maior de ondas gama em comparação aos novatos. As ondas gama representam a integração de regiões físicas e funcionalmente distintas do cérebro. Basicamente, o cérebro encontra-se em sincronia e suas diversas regiões trabalham juntas, formando um "todo" eficiente.

Charles Raison, Lobsang Negi e Thad Pace (colegas na Emory University) estão embarcando em um trabalho promissor para ensinar práticas de compaixão a pessoas sem nenhuma experiência em meditação e avaliar os efeitos no corpo e no humor. Descobriram que alunos universitários que passaram por seis semanas de curso de meditação tinham menos problemas emocionais e níveis inferiores de uma substância química inflamatória no organismo (interleucina 6) em comparação a alunos que não fizeram a prática da compaixão. Mais especificamente, revelaram que os alunos que mais se beneficiaram foram aqueles que meditaram mais (e que fizeram a maior parte da lição de casa) (Pace et al., 2009).

Outras pesquisas exploraram o atributo pessoal da autocompaixão em relação a eventos desagradáveis da vida (Leary et al., 2007). Nesses trabalhos, a autocompaixão teve um efeito protetor contra sentimentos autodestrutivos. Pessoas com autocompaixão reconhecem sua participação em eventos adversos, porém não são reativas nem se abalam com emoções negativas, como raiva, culpa, ansiedade e tristeza.

AMOR-BONDADE

Amor-bondade é uma benevolência incondicional. É a aspiração de que todos sejam felizes e fiquem bem, quer estejam sofrendo ou não. É como um poço profundo de bondade e amor, com ações íntegras e livremente compartilhadas, sem se limitar àqueles claramente necessitados ou às pessoas de quem você mais gosta.

O amor-bondade pode ser cultivado com práticas de meditação desenvolvidas há quase dois mil anos. Tais práticas consistem em reflexões ou em desejos sinceros para o bem de todos: para você mesmo, para pessoas queridas ou por quem você tenha muita consideração, seus conhecidos, aqueles com quem você tem dificuldades de relacionamento, e todas as pessoas e seres.

Ao cultivarmos o amor-bondade, naturalmente sentimo-nos melhor e, consequentemente, temos mais empatia pelos outros, aumentando nossa vontade de ajudá-los. Barbara Fredrickson, psicóloga social na Universidade da Carolina do Norte em Chapel Hill e líder no campo da psicologia positiva, desenvolveu e testou a teoria da positividade (*The Broaden-and Build Theory of Positive Emotions*). Seu trabalho baseia-se no fato de que experiências envolvendo emoções positivas (como alegria, interesse, orgulho, contentamento e amor) expandem o modo como pensamos e reagimos a diferentes situações e, por sua vez, ajudam-nos a desenvolver recursos internos duradouros, aumentando nossa resiliência em circunstâncias indesejáveis (Fredrickson, 2001). Barbara e seus colegas descobriram que aprender e praticar a meditação do amor-bondade por várias semanas aumentou significativamente a incidência de emoções positivas, como felicidade e paz de espírito, e diminuiu a frequência de emoções negativas duradouras, como raiva e tristeza. Além disso, os pesquisadores revelaram que a prática do amor-bondade confere um significado maior à vida, faz com que as pessoas sintam-se mais apoiadas pelos familiares e amigos e diminui sintomas relacionados à doença, como dor, por exemplo (Fredrickson et al., 2008). Em outro trabalho na mesma área, James Carson e seus colegas da Faculdade de Medicina da Universidade de Duke, na Carolina do Norte, demonstraram que um programa de meditação de amor-bondade ao longo de oito semanas conseguiu diminuir a raiva e aliviar a dor em pacientes com dor lombar crônica. Esse estudo explica a conexão entre emoções desafiadoras (raiva, nesse caso) e sintomas físicos (dor lombar, por exemplo) e mostra como a prática de abrir o coração (com a meditação do amor-bondade) pode dissolver emoções destrutivas e aliviar sintomas persistentes, melhorando, portanto, o bem-estar (Carson et al., 2005). Além disso, outro estudo demonstrou que poucos minutos após aprenderem e praticarem um rápido exercício de amor-bondade os participantes sentiram-se mais positivos e conectados aos outros. Tais achados científicos revelam que a prática de amor-bondade pode diminuir a sensação de isolamento social (Hutcherson, Seppala e Gross, 2008).

• PRÁTICA DE MEDITAÇÃO •
Amor-Bondade

A prática de meditação guiada apresentada abaixo tem como objetivo o cultivo da bondade, ou do amor-bondade, para alguém especial em sua vida e para você. Observe, entretanto, que esta prática também pode se estender a outras pessoas: alguém que você admire (como um amigo querido ou mestre reverenciado), alguma pessoa por quem você sinta algo neutro (um conhecido, por exemplo), alguém com quem você tenha dificuldades de relacionamento ou, de modo mais amplo, todas as pessoas e seres.

• Pense em uma pessoa que você ama ou alguém que tenha sido gentil com você.

•• Sorria ao pensar nessa pessoa. Se quiser, coloque a mão sobre o peito, na região do coração, enquanto faz a prática.

•• Visualize essa pessoa. Talvez você até queira dizer o nome dela enquanto lhe envia desejos sinceros de bondade, usando as sentenças abaixo ou palavras que lhe façam mais sentido. Leia cada frase lentamente e deixe que as palavras ecoem na mente, para que possa senti-las no coração.

Que nada de mal lhe aconteça.
Que você se liberte da preocupação, do medo e da raiva.
Que você seja feliz.
Que seu corpo seja saudável e forte.
Que você aceite as coisas como são.
Que possa viver com tranquilidade.

• Com o mesmo grau de sinceridade, consideração e bondade, dirija as mesmas intenções a você, da mesma forma que acabou de dirigi-las a alguém importante em sua vida.

•• Sorria com tranquilidade e coloque a mão sobre o coração, se tiver vontade.

•• Permita-se ser tomado por essa aspiração profunda, usando as sentenças abaixo ou outras palavras que lhe

façam mais sentido. Leia cada frase lentamente, deixando que as palavras ecoem, sentindo-as no coração.
Que nada de mal me aconteça.
Que eu me liberte da preocupação, do medo e da raiva.
Que eu seja feliz.
Que eu me liberte da dor.
Que eu aceite as coisas como são.
Que eu permaneça tranquilo a cada momento.

PERDÃO

Aos sessenta anos, Tony continua atormentado por um divórcio traumático, que ocorreu há mais de vinte e cinco anos. Desde então, todos os dias ele relembra as palavras e as ações devastadoras da esposa, que tanto o magoou. Ela destruiu sua vida, tirando-lhe os filhos, tomando medidas jurídicas para impedi-lo de vê-los e exigindo pensões exorbitantes, acabando com seu patrimônio. O que ela fez foi tão desrespeitoso e chocante que ele jamais consideraria perdoá-la. Mesmo hoje, com câncer de próstata metastático, continua perturbado com a desonestidade da ex-mulher e sente as consequências corrosivas, dia após dia, ano após ano.

Assim como Tony, algumas pessoas guardam ressentimentos durante décadas – ficam arrasadas por terem sido prejudicadas e simplesmente não conseguem apagar essa parte do passado – enquanto outras pessoas apegam-se a sentimentos de remorso por terem ferido ou traído alguém.

PARE AGORA: Pare e pense: Você já teve sentimentos ruins por alguém que o prejudicou? Ou talvez não se perdoe por ter magoado alguém?

Guardando Ressentimentos

Ter ressentimentos e não se perdoar (ou não perdoar os outros) pode trazer consequências à sua saúde física e mental. Produz uma agitação interna e uma tensão que se intensificam e geram estresse no organismo, posteriormente acarretando efeitos prejudiciais à saúde (vanOyen Witvliet, Ludwig e Vander Laan, 2001). Pesquisas revelam que guardar rancor por muitos anos está associado a problemas significativos de saúde, como maior risco de ataques cardíacos, hipertensão arterial, úlceras no estômago e transtornos da dor (como artrite, problemas lombares, cefaleias e dor crônica). Pessoas rancorosas também têm maior probabilidade de fumar – um comportamento nocivo, que predispõe a uma série de outros problemas de saúde (Messias et al., 2010).

O Perdão é o Antídoto

O perdão é o antídoto contra o ressentimento, a amargura e o arrependimento. Inclui a misericórdia daqueles que possam ter nos ferido e a automisericórdia (por termos ferido outras pessoas ou até mesmo nos ferido). Everett Worthington e colaboradores desenvolveram um artigo no qual discutiram a fundo teorias e pesquisas sobre o perdão e observaram que é possível superar o não perdão (rancor, ressentimento, ódio, raiva e amargura) e perdoar emocionalmente (ou seja, na própria mente, sem necessariamente perdoar alguém cara a cara) se sentirmos emoções positivas pelo outro (compaixão, empatia, solidariedade, amor e gratidão (Worthington et al., 2005). Assim, muitas das práticas descritas neste livro podem aumentar sua predisposição e capacidade de se perdoar e de perdoar os outros por algum dano cometido no passado.

• PRÁTICA DE MEDITAÇÃO •
Abrindo Espaço para o Perdão

- Encontre uma posição confortável e, por alguns minutos, preste atenção nas sensações do abdômen subindo e descendo, a cada inspiração e expiração. Observe como se sente.
- Se tiver vontade, coloque a mão sobre o coração ao fazer esta prática.
- Silenciosamente, repita a frase abaixo algumas vezes. Deixe que as palavras ecoem na mente, para que possa senti-las no coração:

Que eu consiga perdoar.

- Em seguida, pense em situações em que você possa ter magoado outras pessoas, conscientemente, ou não.
- Use as sentenças abaixo ou outras palavras que lhe façam mais sentido. A cada frase, deixe que as palavras ecoem, para que possa senti-las no coração:

Que eu me perdoe.
Que eu me perdoe por qualquer dor que tenha causado aos outros e a mim mesmo.
Que eu me perdoe por erros cometidos.
Que eu me perdoe por coisas não resolvidas.

- Observe se há resistência ao tentar se perdoar. Respire nessa resistência.
- Em seguida, pense em uma situação ou situações em que outras pessoas o prejudicaram.
- Respeitando seus limites neste momento, expanda seu perdão.
- Use as sentenças abaixo ou outras palavras que lhe façam mais sentido. A cada frase, deixe que as palavras ecoem, para que possa senti-las no coração:

Eu te perdoo.
Eu te perdoo por ter me magoado ou me ferido.
Que eu perdoe de coração todos os que me magoaram ou me feriram, com intenção ou não.
• Observe se há qualquer resistência em perdoar os outros. Respire nessa resistência.
• Observe como se sente agora.

TODOS OS DIAS...

Silenciosamente, envie bons pensamentos para outra pessoa. Pode ser alguém que está passando por alguma dificuldade, ou não. Alguém que você ama, um conhecido ou uma pessoa com quem você tenha uma relação especialmente difícil.

LEMBRE-SE:

Compaixão, bondade e perdão podem abrir a porta do seu coração para a cura e gerar o calor e o espaço necessários para uni-lo aos outros e ao mundo ao seu redor.

7

Expandindo a generosidade e compartilhando a alegria do outro

Um coração bondoso é uma fonte de júbilo e faz com que tudo ao seu redor se revigore em seus sorrisos.
– Washington Irving

Lembro-me de uma conversa com um velho, querido e sábio amigo chamado Leo. Leo era um empresário bem-sucedido, com um espírito encantador e generoso. Ao longo dos anos, doara seu dinheiro e tempo com generosidade, ajudando pessoas físicas e jurídicas da comunidade. Certo dia, estávamos sentados na sala de estar de sua casa, cercados de antiguidades e obras de arte premiadas, quando ele me disse: "Olhe ao redor. Nada disso me ajudará quando minha saúde piorar, nem evitará que eu morra. E não poderei levar nada comigo. É por isso que quero doar e compartilhar com aqueles que precisam, enquanto eu estiver aqui e enquanto puder. E, como você sabe, isso me faz muito bem".

Os conselhos sensatos e inspiradores de Leo voltaram à minha cabeça com frequência, por muitos anos. É verdade, ser generoso faz bem. As pesquisas confirmam: pessoas altruístas são mais felizes do que as que não são e os benefícios da generosidade genuína superam de longe os benefícios de quem recebe (Schwartz et al., 2003). Entretanto, muitas pessoas no mundo moderno deixam-se levar pela convicção de que serão mais felizes se tiverem mais dinheiro e bens materiais. Na verdade, quando conseguimos suprir nossas necessidades básicas e viver confortavelmente, "mais" não significa necessariamente "melhor". Muitas pessoas sabem que os países mais ricos costumam ser, na realidade, os que menos gozam de seus direitos ou privilégios. Basta olhar para uma cidade típica dos Estados Unidos: as pessoas estão sempre ocupadas, correndo de um lado para outro, acumulando posses com total voracidade, não vendo a hora de se aposentar. Por mais que planejem, às vezes o dia da aposentadoria nunca chega. Tragédias e doenças graves podem nos atingir a qualquer momento, geralmente quando menos esperamos. Portanto, depois de passar anos acumulando bens e economizando dinheiro, lembre-se de que não poderá levar nada ao deixar este mundo. Ao nutrir um espírito de generosidade *agora*, você provavelmente conseguirá colher benefícios ilimitados. Você se sentirá alegre, livre e realizado ao perceber a diferença que faz na vida de outras pessoas. Seu desejo de ajudá-las pode ir além de bens materiais e dinheiro. Doar-se de um modo mais pessoal e menos tangível (por exemplo, contando histórias de sua vida, compartilhando suas receitas preferidas ou trabalhos artísticos que criou) é algo tremendamente significativo e provavelmente terá um efeito eterno nos outros.

Assim como a generosidade, a alegria empática é uma qualidade salubre que nos une aos outros e nos traz bem-estar. "Alegria empática" é um termo composto por duas palavras: "alegria" e "empatia". Empatia é a capacidade de compartilhar os sentimentos do outro. A neurocientista europeia Tania Singer e seus colegas estão tentando explicar o que acontece no corpo quando uma pessoa tem empatia. Um dos estudos revelou que as áreas do cérebro associadas à dor são ativadas simplesmente ao observarmos alguém que amamos ser submetido a um exame doloroso (Singer et al., 2004). Basicamente, ver alguém que você ama sofrer pode disparar um efeito semelhante no seu corpo, como se a situação estivesse acontecendo com você. A alegria é uma emoção positiva associada ao prazer e ao bem-estar. Assim, a alegria empática é um contentamento genuíno que você sente ao perceber a alegria do outro: você fica feliz ao ver os outros felizes. Em vez de sentir ciúme ou inveja quando alguém goza de boa saúde ou de boa sorte, tente abrir o coração e deixar que essa satisfação tome conta de você, sem esperar nada em troca. É provável que você se sinta melhor, pois o efeito de propagação será maravilhoso e a alegria se multiplicará de modo exponencial.

PRESENTES SIGNIFICATIVOS

Ao reconhecer que esta é a última fase de sua vida, já parou para pensar com atenção e decidir o quê, como e quando compartilhará o que tem com os outros? Como fazer para que sua generosidade seja mais significativa para você e para as pessoas importantes em sua vida? Já distribuiu todos os seus bens, mesmo aqueles de baixo valor monetário, porém alto valor sentimental, entre as pessoas que cuidariam deles com mais carinho? Existem maneiras pessoais e menos tangíveis de doar algo seu, que deixará lembranças positivas e duradouras em sua família e em futuras gerações? Quando será o melhor momento de doar: cara a cara, enquanto estiver vivo, ou talvez deixar instruções para mais tarde, quando já tiver partido? Vale a pena explorar essas questões. Ao refletir e tomar decisões agora, você terá mais paz de espírito e, ao longo do processo, talvez até sinta-se mais próximo das pessoas que ama. Se preferir não doar nada enquanto estiver vivo, pelo menos já deixe tudo separado e tome as providências necessárias. É melhor deixar seus desejos registrados por escrito, seja em testamento ou em uma carta, para evitar qualquer confusão no futuro.

Desapegando-se de Bens Materiais

Olhe ao redor. Tudo o que é seu acabará em outro lugar: na casa de sua família, no brechó da instituição de caridade do bairro, em uma casa de leilões ou na lixeira. Nada que lhe pertence o acompanhará quando você morrer. Portanto, uma opção é deixar que os outros decidam, ou você pode ser ativo e decidir o destino de seus *souvenirs*, lembranças e outros bens e objetos especiais que lutou para conquistar. A escolha é sua.

Distribuir seus bens pessoalmente, enquanto estiver vivo, pode ser algo extremamente gratificante para você e para os que receberem tais presentes. Que tal dar a seus filhos ou netos algo de grande valor sentimental e contar-lhes uma história sobre esse objeto? Ver o rosto deles se iluminando certamente lhe trará grande alegria também.

PARE AGORA: Faça uma pausa e observe como se sente neste momento, ao pensar em seus objetos pessoais e no destino que terão.

Um Toque Pessoal: Compartilhando Algo que só Você Pode Dar

Literalmente, há inúmeras maneiras de compartilhar sua presença com pessoas especiais em sua vida. Esses tipos de doação são extensões sinceras daquilo que você é e possuem um valor inestimável. As pessoas ficarão comovidas e se recordarão de você com carinho por esse gesto atencioso. Alguns exemplos: contar histórias de sua vida (talvez com uma gravação em áudio ou vídeo) para que as pessoas possam lembrar-se de detalhes e continuar ouvindo sua voz e vendo sua imagem); documentar sua árvore genealógica; escrever cartas ou poemas; compor músicas; fazer trabalhos artísticos ou manuais; e compartilhar receitas e fotografias de família. Lembre-se: não importa o que seja, será uma parte de você e há muitas possibilidades. Pense em deixar algo significativo para os membros de sua família que ainda não nasceram. Pode ser uma forma de saberem quem você é, mesmo sem jamais terem a chance de conhecê-lo.

Minha mãe passava o dia tricotando e tinha grande habilidade. Mesmo quando sua saúde deteriorou, nos últimos anos de vida, Mamãe continuou tricotando. Fez um monte de belos suéteres, mantas, meias e roupinhas de bebê e presenteou todos os membros da família. Até hoje, quase trinta anos depois, ainda cuido com carinho de todas as coisas que minha mãe tricotou. Penso nela e sorrio sempre que as uso. E as roupinhas de bebê feitas por ela passaram por todos os meus sobrinhos, sendo que a maioria nasceu quando ela já havia falecido.

Em uma pesquisa que coordenei com a querida terapeuta musical Suzanne Hanser, mulheres com câncer de mama avançado participaram de um programa musical que as ajudava a lidar com os desafios que enfrentavam (Hanser et al., 2006). Uma das participantes disse o seguinte:

Compus uma música [com a ajuda da musicoterapeuta] para meus netos, que ainda nem nasceram. Foi uma catarse e tanto. Agora sinto-me muito melhor ao saber que escrevi basicamente tudo o que gostaria de lhes dizer, mesmo sabendo que provavelmente não estarei mais aqui quando nascerem. Foi uma experiência maravilhosa.

Lembro-me também de Dennis, um homem de aproximadamente cinquenta anos com quem trabalhei como enfermeira em uma unidade de cuidados paliativos. Dennis escreveu uma carta para cada pessoa especial em sua vida, inclusive cada um dos filhos e netos (e aqueles que ainda não tinham nascido). Cada carta era personalizada e descrevia as qualidades que ele admirava em cada pessoa, lembranças especiais de experiências compartilhadas, e suas esperanças e sonhos para o futuro de cada uma delas.

• PRÁTICA DE REFLEXÃO •
Compartilhar – Um Gesto de Carinho

- Faça uma pausa até sentir-se centrado, trazendo a consciência para a experiência da respiração ou de outras sensações corporais. Continue por um ou dois minutos, com os olhos fechados ou olhando naturalmente para a frente, sem forçar. Observe como se sente.
- Pense em pessoas importantes em sua vida.
- Veja se há alguma coisa que gostaria de dar a cada uma delas – um objeto pessoal ou algo feito por você.
  - •• O que você gostaria de dar?
  - •• Qual seria a forma mais significativa de compartilhá-lo com essa pessoa?

•• Como aumentar a probabilidade de conseguir oferecê-lo a essa pessoa da forma como você gostaria?

• Quando tiver contemplado as perguntas acima para cada uma das pessoas importantes em sua vida, entre em contato consigo mesmo e observe como se sente no momento. Permita-se perceber o que vem de dentro. Viva a experiência e respire, sem tentar mudar nada.

Compartilhando a Alegria do Outro

Pense nas pessoas que você conhece e que parecem ter uma vida tranquila. Talvez tenham ótima saúde, talentos, relacionamentos repletos de amor, estabilidade financeira e, com base na sua percepção, provavelmente não têm qualquer motivo para se preocupar. Como você se sente ao pensar nessas pessoas?

De um modo geral, é mais fácil alegrar-se com a boa sorte dos outros quando você se sente bem e está feliz, ou quando gosta dessas pessoas. O desafio é conseguir compartilhar essa alegria independentemente das circunstâncias: quando você não se sente bem, quando não gosta da pessoa e quando não tem *nada a ganhar* (no sentido de que não terá nenhum benefício como resultado da boa sorte do outro).

Talvez você se pergunte por que devemos compartilhar incondicionalmente a felicidade do outro. A alternativa é sentir inveja ou indiferença. A inveja é uma emoção destrutiva, que pode obscurecer sua capacidade de ver as coisas como são, inclusive a bondade que pode estar ao seu alcance. Pode limitá-lo, desgastá-lo e irritá-lo. Embora ser indiferente certamente tenha um efeito menos "cáustico" do que ser invejoso, a indiferença possui características de monotonia e apatia, que o impedem de sentir vivacidade, prazer e de ver a bondade essencial dos outros. Considere, portanto, o que aconteceria se você decidisse se abrir e ficar feliz pela boa saúde, alegria e boa sorte do outro.

• PRÁTICA DE MEDITAÇÃO •
Alegria Empática

• Pense em alguém que você respeita muito. Alguém feliz, com muitas coisas boas na vida, como boa saúde, talento, prosperidade, uma família encantadora, uma casa confortável, ou com uma vida tranquila, de um modo geral. Apenas um dos atributos acima já pode ser suficiente – se formos realistas, ninguém tem uma vida perfeita. Essa pessoa pode ser alguém que você ame, um amigo ou um professor querido.

•• Sorria ao se lembrar dessa pessoa.
•• Do fundo do seu coração, deixe que a alegria penetre totalmente em você.
•• Dirija as seguintes intenções a essa pessoa:
Que você continue feliz.
Que sua boa sorte não o abandone.
Que a bondade continue florescendo em sua vida.

• Agora pense em alguém neutro. Alguém feliz que, pelo menos aparentemente, seja uma boa pessoa. Você a conhece mas não tem um relacionamento pessoal com ela e nenhum sentimento instantâneo, seja positivo ou negativo, vem à cabeça ao pensar nela.

•• Sorria ao pensar nessa pessoa.
•• Do fundo do coração, deixe que a alegria penetre totalmente em você.
•• Dirija as seguintes intenções a essa pessoa:

Que você continue feliz.
Que sua boa sorte não o abandone.
Que a bondade continue florescendo em sua vida.

- Agora pense em alguém de quem você não gosta, ou que não gosta de você, ou com quem você tenha dificuldades de relacionamento. É alguém feliz e, pelo menos aparentemente, é uma boa pessoa.
  - Sorria ao pensar nessa pessoa.
  - Do fundo do coração, deixe que a alegria penetre totalmente em você.
  - Dirija as seguintes intenções a essa pessoa:

Que você continue feliz.
Que sua boa sorte não o abandone.
Que a bondade continue florescendo em sua vida.
  - Observe se ocorre alguma resistência. Se isso acontecer, respire nessa resistência.
- Preste atenção em como se sente neste momento.

TODOS OS DIAS...

Seja generoso com os outros, mesmo que de maneiras pequenas e intangíveis – fazendo um elogio, por exemplo. Sorria ao encontrar pessoas com boa saúde e com boa sorte na vida.

LEMBRE-SE:

Ao nutrir um espírito de generosidade é bem provável que você se sinta realizado ao ver a diferença que isso faz nos outros. Abrir o coração e sentir-se feliz com a alegria dos outros poderá ajudá-lo a dissolver a inveja e a promover uma sensação interna de bem-estar.

8

Lembre-se de agradecer

*Existe serenidade em uma vida vivida em gratidão –
uma quieta alegria.*
– Ralph H. Blum

A vida muda quando você descobre que tem uma doença limitante. Coisas que lhe davam um enorme prazer no passado talvez sejam uma parte menos importante do seu mundo atual. Por exemplo, a possibilidade de viajar, participar de eventos, dançar, fazer exercícios físicos, cozinhar ou envolver-se em projetos pode ter diminuído. Talvez você não consiga fazer as coisas como antes, mas esta é uma oportunidade de aprender mais sobre si mesmo, de um modo novo. É uma oportunidade de desfrutar o que há de bom em sua vida neste exato momento, fazendo com que você até se surpreenda, e de refletir sobre experiências anteriores de sua vida, de modo a sentir-se grato e enriquecido pela pessoa que você é no momento presente.

Todos conhecemos o provérbio "Agradeça pelas bênçãos recebidas". Apesar do clichê batido, a mensagem permanece profunda. Muitas pessoas não param de verdade para refletir *profundamente* sobre todas as bênçãos que receberam. Aqueles que enfrentam uma doença grave podem sentir-se inspirados a fazer uma lista de tudo que a vida lhes deu de bom, atribuindo significado e colocando suas vidas em perspectiva. Alguns, entretanto, terão dificuldade em explorar essa sensação de gratidão por sentirem-se vítimas ou por terem muita raiva ou tristeza, em consequência do que estão passando.

OS BENEFÍCIOS DA GRATIDÃO

Sentir gratidão realmente nos faz bem. Intuitivamente sabemos disso e as pesquisas confirmam essa ideia. Estudos coordenados por Robert Emmons, da Universidade da Califórnia em Davis, e por Michael McCullough, da Universidade de Miami, documentaram uma série de benefícios pessoais da gratidão (também denominada reconhecimento, valorização e agradecimento). Pessoas gratas pelo que têm na vida são mais felizes, menos tristes e deprimidas, mais satisfeitas com a vida em geral, e têm mais vitalidade, otimismo e menos estresse do que aquelas que não expressam gratidão (Emmons e McCullough, 2003; McCullough, Emmons e Tsang, 2002). Isso não significa que vejam o mundo com óculos cor-de-rosa: estudos revelam que pessoas gratas não negam os aspectos negativos da vida, mas são capazes de integrar o lado bom e o mau, gerando uma experiência significativa de gratidão. Ao mesmo tempo, não ligam muito para bens materiais. Nos altos e baixos da vida, as coisas simples, não materiais, são as que mais contam. Pessoas gratas também estão extremamente cientes de sua conexão com os outros. Têm bom coração e uma preocupação sincera com o bem-estar de todos. Compartilham com abundância tudo o que têm e oferecem ajuda aos necessitados. Por sentirem-se abençoadas e realizadas, são uma fonte natural e transbordante de compaixão e generosidade.

Nem todo mundo, no entanto, tem uma predisposição à gratidão. A boa notícia é que podemos cultivar essa qualidade, refletindo e escrevendo. Várias pesquisas já comprovaram a importância de mantermos um "diário da gratidão". Pessoas que anotam e acompanham os aspectos da vida que geram gratidão sentem-se melhor do ponto de vista físico (apresentam menos sintomas) e mental (são mais felizes e mais otimistas) e são mais propensas a atingir metas pessoais em comparação àquelas que escrevem sobre outras coisas (irritações do dia a dia, eventos da vida ou que gostam de mostrar que estão em situação privilegiada em relação aos outros) (Emmons e McCullough, 2003).

Após manterem um registro de pequenas e grandes coisas que os faziam sentir-se gratos, um grupo de pacientes com doença neuromuscular debilitante sentiu mais alegria, vitalidade e empatia com os outros. A qualidade do sono melhorou e a perspectiva da vida em geral tornou-se muito mais positiva (ibidem). Resumindo, pesquisas revelam que sentir gratidão – seja por predisposição natural ou por práticas (de redação, por exemplo) promove o bem-estar e fortalece a qualidade das relações interpessoais, tanto em indivíduos com doenças graves como em pessoas saudáveis. Moral da história: agradecer fará bem a você, de muitas formas.

EXPRESSAR GRATIDÃO E VIVER EM PLENITUDE

O Irmão David Steindl-Rast escreveu e falou bastante sobre as virtudes da gratidão. Segundo ele, a gratidão é inerente a uma vida plena e não podemos viver em plenitude se não reconhecermos a infinidade de dádivas que recebemos todos os dias (Steindl-Rast 1984). Conforme dito pelo

Irmão David, devemos "despertar" (*ibidem*, 7). Precisamos ver as coisas com um olhar novo, atento, para que possamos perceber as surpresas que se revelam quando estamos suficientemente despertos e permitir que nos encham de admiração. Nesses momentos de reconhecimento e admiração, podemos sentir por dentro o que é ter gratidão. A gratidão é a porta para abrirmos nosso coração com compaixão: permite-nos olhar nos olhos dos outros com ternura e amorosidade, reconhecendo e valorizando o que fizeram por nós, desejando-lhes bondade em abundância, com toda sinceridade.

Dê Valor aos Pequenos Prazeres da Vida

O cultivo de mindfulness é a chave para despertar e vivenciar pequenos prazeres em plenitude. Pequenos prazeres são coisas que não custam muito, se é que custam alguma coisa. Incluem dormir em lençóis limpos e fresquinhos; tomar um banho de espuma; escutar um quarteto de cordas; olhar para a lua e as estrelas; saborear um sorvete de morango na casquinha; tomar uma xícara de chá em frente à lareira; ver as crianças brincando no parque. A lista de pequenos prazeres é infinita e varia de uma pessoa a outra. O que uma pessoa considera prazer não é necessariamente prazeroso para outra. Talvez você até descubra que seus pequenos prazeres podem mudar de um dia para outro, dependendo de como você se sente, do clima, da pessoa com quem está, ou de qualquer coisa que possa acontecer inesperadamente. É importante estar atento aos pequenos tesouros que o aguardam. Se estiver completamente preocupado com a consulta médica que acontecerá na semana que vem, talvez não consiga ver os pássaros migratórios cruzando o céu neste exato momento. Para cada pequeno prazer que você tiver a bênção de vivenciar e de se conscientizar, pare, sorria e agradeça por esse momento – um momento de bondade incondicional.

Em seus últimos dois anos de vida, meu pai perdeu a capacidade de deglutição. Os simples prazeres associados à alimentação e ao consumo de líquidos que a maioria de nós nem mesmo percebe foram tomados desse homem de poucas palavras. Durante a aposentadoria, meu pai se deliciava com as idas diárias ao mercado para comprar hortaliças, frutos do mar ou carnes e, em mindfulness, criava com maestria uma experiência gastronômica, que depois degustava com uma taça de Merlot. Com a progressão da doença, entretanto, sair para comer fora (um de seus passatempos preferidos) e planejar e preparar as refeições para a família em feriados comemorativos já não eram opções viáveis. Tinha dificuldade em engolir até mesmo um pouco de sorvete, uma lasca de gelo ou a própria saliva – sem falar nas sérias consequências (infecção pulmonar, por exemplo).

O caminho para descobrir e sentir novos prazeres não foi fácil para meu pai. Mesmo assim, ele conseguiu. Daisy (sua cadelinha labrador amarela) proporcionou-lhe imensa alegria. Ele se derretia e sorria ao olhar para os olhos castanhos enormes de Daisy, enquanto ela deitava a cabeça no peito dele, sempre que descansavam juntos no sofá. Ele acariciava a barriguinha dela e ela retribuía, lambendo o rosto dele. Os períodos tranquilos ao lado de Daisy tinham se tornado a coisa mais importante para o meu pai. Em silêncio, ele agradecia a ela todos os dias por ser sua melhor amiga e companheira fiel.

Papai também se sentia grato por ainda conseguir andar e fazer caminhadas curtas fora de casa (muito diferente dos velhos tempos de maratonista dedicado). Sentava-se na cadeira do jardim, com Daisy aos pés, imerso no sol de New England. Sentia-se revigorado pelo canto dos pássaros; nuvens fofinhas flutuando no céu azul-anil; árvores de bordo vermelho balançando ao vento; e o ar fresco das montanhas de Vermont preenchendo seus pulmões. A natureza o nutria. As coisas "simples" o satisfaziam.

Lembro-me também de Jeniffer, uma mulher de trinta e oito anos que ficou internada no hospital por um período prolongado para fazer um tratamento oncológico. Voltou para casa com "um novo olhar" após ter passado oito semanas no hospital. Embora sua casa fosse uma fonte de conforto familiar, ao voltar do hospital a experiência de estar em casa tornara-se algo totalmente novo. Eis o que ela nos contou:

> Outro dia eu estava sentada em frente ao aquecedor, pronta para pegar algo para ler e pensei: "Ah, estou perto do aquecedor. Está quentinho. Estou em casa. Não é maravilhoso?"

PARE AGORA: Faça uma pequena pausa, amplie seu campo de consciência e responda as seguintes perguntas:

Quais os pequenos prazeres que realmente me fazem feliz neste momento?

O que consigo ver, ouvir, cheirar, saborear ou sentir que me agrada neste momento?

Que cores, tons de luz, formas, aromas, sabores ou sensações táteis me agradam neste momento?

Deixe que a gratidão tome conta de você. Desfrute essa consciência de sentir gratidão.

VALORIZANDO O AMOR E O CARINHO DOS OUTROS

Você pode estender sua gratidão a outras pessoas que foram importantes em sua vida, desde a infância até o presente. Do momento em que você nasceu até a infância você recebeu amor e carinho de pessoas mais velhas, que o apoiaram e o ajudaram a formar uma boa base para o resto da vida. Podem ter sido seus pais, avós ou outros membros da família, ou outras pessoas que não eram seus parentes – vizinhos, professores ou orientadores/terapeutas. Mesmo que as relações familiares tenham sido problemáticas, alguém cuidou de você e o orientou com carinho, enquanto você se preparava para o mundo. À medida que foi amadurecendo, seu círculo provavelmente aumentou e passou a incluir amigos, cônjuge, filhos, sobrinhos e sobrinhas, novos vizinhos, mais professores e animais de companhia. Não importa se continuam vivos ou se faleceram – cada um deles ajudou a modelar a pessoa que você é hoje com amor, carinho e orientação. Você já reconheceu e expressou sua gratidão a essas pessoas, seja pessoalmente, por carta, telefone ou até mesmo em silêncio, só para você?

Quando você para e pensa em seu mundo de hoje, quem são as pessoas especiais que lhe deram asas para voar, um ombro para chorar, um bom ouvido para desabafar e um abraço cálido quando você estava totalmente arrasado? Além da assistência prática ao *fazerem* coisas por você – como levá-lo a consultas médicas, ajudá-lo a se organizar no trabalho, preparar refeições, lavar sua roupa, limpar a casa ou fazer compras – você se dá conta da importância de *conviver* com essas pessoas? Percebe como transmitem seu amor e carinho pelo modo como olham, escutam, tocam ou como simplesmente estão presentes para você? De que maneiras mais ou menos significativas elas estão presentes em sua vida? Recentemente, você expressou adequadamente sua gratidão às pessoas especiais em sua vida?

Pense agora nos profissionais e assistentes da área de saúde que lhe proporcionam um cuidado compassivo e amável, dia após dia, ano após ano: seu enfermeiro, médico, assistente de home care, assistente social, massoterapeuta, fisioterapeuta, psicólogo, entre outros. É verdade, eles são remunerados para cuidar de você, mas você reconhece muito bem os que são especiais: são exatamente aqueles que se preocupam mesmo com você e com seu bem-estar e vão muito além de suas obrigações profissionais básicas.

Steve, um corretor de seguros de cinquenta anos, com câncer, fez o seguinte comentário sobre a prática de mindfulness e seu impacto na forma como vê os profissionais de saúde que cuidaram dele durante sua longa internação hospitalar:

> Acho que isso me deu uma conscientização maior do nível de atenção que eu estava recebendo. É um privilégio. Veja bem: é claro que eu preferia não estar nesta situação mas, já que é inevitável, é maravilhoso ser tão bem cuidado.

PARE AGORA: Faça uma pequena pausa e pense nos profissionais que cuidam de você. Qual a qualidade da presença deles? Como o ajudam? Como você se sente ao pensar neles? Já expressou adequadamente sua gratidão a esses profissionais tão especiais?

OLHANDO PARA TRÁS

A importância de olhar para trás e refletir sobre a vida já foi reconhecida e considerada especialmente útil no tratamento da depressão em idosos (Bohlmeijer, Smit e Cuijpers,

2003). Se quiser expandir este processo de olhar para trás, desenvolva um sentimento de gratidão ao analisar a vida que você teve até agora. Talvez isso o ajude a entender e a encontrar o significado da sua vida como um todo, a ter uma nova perspectiva e valorizar diversos aspectos de sua vida até agora – as maiores realizações, as armadilhas, as pessoas especiais – e como você evoluiu como pessoa.

Após um grave AVC (acidente vascular cerebral), Troy, engenheiro aposentado de setenta anos, precisou aprender a viver com uma insuficiência cardíaca progressiva e complicações resultantes do AVC. Troy tem muita dificuldade para caminhar, falar e se alimentar. Apesar das grandes perdas, valoriza o que ainda tem – ou seja, a mente. Como engenheiro, a mente sempre o ajudou muito. Apesar da doença, Troy ainda consegue analisar, solucionar equações e se lembrar das coisas. Sua memória permanece intacta e aguçada, e ele passa muitas horas por dia refletindo sobre sua vida, uma vida bem vivida. Recorda as condições modestas da infância, as brincadeiras de atirar seixos no lago com seu melhor amigo, a reunião à qual compareceu por acaso e que lhe rendeu uma bolsa no MIT (Instituto de Tecnologia de Massachusetts), a mentoria com um renomado professor, as lembranças da faculdade, o dia em que conheceu sua esposa e as reuniões especiais com os filhos e netos. Pensa também nas lembranças difíceis, como o dia em que perdeu o emprego, o filho natimorto e a doença atual. À medida que diferentes imagens do passado vêm à mente, Troy é tomado por gratidão pelas ricas experiências que deram significado e força à sua vida. Mentalmente, Troy resgata a vivacidade dessas experiências do passado e as traz para o momento presente de modo tão significativo, que acaba gerando vitalidade e alegria no aqui e no agora.

A gratidão preenche cada célula de seu corpo ao reconhecer tantas dádivas recebidas ao longo de sete décadas de vida.

OBSTÁCULOS À SENSAÇÃO DE GRATIDÃO

Talvez você ache difícil ser receptivo e sentir-se grato, principalmente quando está com raiva, irritado, mal-humorado ou sentindo dor. Em vez de se punir por não conseguir sentir gratidão, reconheça o fato e medite sobre ele. Observe seus pensamentos e sentimentos, repare como mudam e seja receptivo a qualquer insight sobre o que você está pensando e sentindo. Seja amável com si próprio e reconheça que não conseguirá se forçar a sentir gratidão. Deixe que ela surja naturalmente, de modo autêntico. A gratidão se revelará pelo cultivo de mindfulness e compaixão. As práticas exploradas neste livro poderão ajudar a criar um terreno fértil para que a gratidão emerja e se desenvolva.

• REFLEXÕES SOBRE A GRATIDÃO •

As práticas abaixo devem ser feitas como meditações ou, adicionalmente, como anotações em um diário. O objetivo é estar conectado com todos os aspectos de sua vida – do presente ou do passado – pelos quais você sente verdadeira gratidão.

• Deixe o corpo encontrar uma posição confortável e a mente estabilizar-se suavemente no ritmo da respiração (ou em outro ponto neutro de atenção que você considere mais confortável).

• Sente-se tranquilamente e permita que imagens ou experiências relevantes surjam no seu olho mental. Deixe que repercutam profundamente. Não tenha pressa. Para cada aspecto da vida pelo qual você sente gratidão, passe

pelo menos cinco minutos refletindo e permanecendo nessa consciência.
- Tente ser específico e objetivo na identificação e imagem de cada um dos aspectos.
  - - Neste exato momento de minha vida, sou grato por:
    Simples prazeres da natureza, música, cores e luz, crianças, aromas, sabores, sensações, hobbies
    Pessoas especiais, que me amam e se importam comigo
    Profissionais dedicados e competentes, que cuidam tão bem de mim
    Meu animal de estimação
    Minha casa
    Minha capacidade de...
  - - *Ao olhar para o passado, sinto gratidão por*:
    Pessoas especiais, ainda vivas ou já falecidas, que me amaram e se preocuparam comigo: pais ou avós; irmãos; filhos; outros parentes, como tios, tias e primos; amigos, professores; ex-namorados ou companheiros
    Atividades profissionais significativas ou prazerosas, ou ambas
    Lugares que visitei
    Experiências difíceis, que me fortaleceram e me tornaram uma pessoa melhor
- Descanse tranquilamente e deixe que a gratidão tome conta de você. Observe como seu corpo se sente. Preste atenção nos pensamentos e emoções à medida que surgem.
- Note se ocorre alguma resistência durante a prática. Se isso acontecer, onde você sente essa resistência? Qual a sensação? Não julgue a resistência. Simplesmente fique com ela.
- Deixe as imagens e lembranças de gratidão surgirem naturalmente. Não force nada. Se tiver qualquer dificuldade

para visualizar imagens ou experiências, ou para entrar em contato com lembranças, simplesmente fique aberto para o que surgir na paisagem tranquila e ampla da mente.

- Tente não focar em ideias abstratas, mas sim em imagens mentais de experiências reais, com nitidez de detalhes.
- Talvez você prefira refletir sobre um ou dois itens da lista anterior em uma única meditação na posição sentada, ou dividir a prática ao longo de vários dias.
- Quando tiver percorrido toda a lista uma vez, volte e repita cada item ou simplesmente os mais importantes para você. Deixe novas ideias, imagens e lembranças surgirem. Novamente, permita-se ser tomado pela gratidão, sentindo-a no próprio corpo.

TODOS OS DIAS...
- Reserve alguns minutos para refletir sobre coisas boas que estejam acontecendo em sua vida neste momento.
- Diga mentalmente (ou escreva, ou ambos), *"Hoje sinto-me grato por..."*
- Preste atenção em pequenos prazeres, principalmente naqueles que talvez nem tenha reparado antes.

LEMBRE-SE:
Gerar essa sensação de gratidão aumenta o bem-estar e nos conduz a uma vida mais plena. Você pode expressar gratidão por todas as coisas boas que estão acontecendo em sua vida no momento, como simples prazeres e o amor e carinho recebido dos outros. E pode também voltar ao passado e ser grato por aquilo que viveu. A raiva e a irritação podem interferir no processo de gratidão, mas podem ser superadas com práticas regulares, que o ajudem a aquietar a mente e abrir o coração.

Parte 3

EMPATIA

9

Aceitando ajuda

Ao pedir ajuda você mostra que acredita em si mesmo, reconhece que haverá uma resposta e está aberto para recebê-la.

– Alan Cohen

Aceitar ajuda dos outros é um dos maiores desafios para quem tem uma doença grave. Atividades diárias básicas que você sempre fez com autonomia (como dirigir, cozinhar, tomar banho) tornaram-se difíceis e requerem agora assistência da família, de amigos e de profissionais. Isso é extremamente difícil para pessoas com espírito independente ou que gostam de cuidar dos outros. Além disso, nossa sociedade valoriza a atitude "faça você mesmo". Portanto, temos uma tendência natural a resistir à ajuda tanto quanto possível ou a negar o fato de que poderemos precisar de ajuda algum dia. Aceitar ajuda pode parecer um sinal de fraqueza, dependência ou entrega à doença. Entretanto, aceitar ajuda é, na verdade, um passo essencial e de sabedoria para cuidar de si e abrir-se para o amor e a atenção dos outros.

Sandra, enfermeira aposentada de sessenta e três anos, mãe e avó, orgulhava-se de ter sido independente a vida toda. Cuidadora por natureza, nada a deixava mais feliz do que ajudar e auxiliar as pessoas. Sandra continuou mantendo um estilo de vida ativo mesmo após ter sido diagnosticada com câncer de mama metastático, cinco anos atrás. Nos últimos meses, porém, sua capacidade ficou mais limitada. A dor mais intensa, a fadiga e a sensação geral de mal-estar deixaram-na mais lenta.

Sandra tem um grande círculo de amigos e parentes, inclusive filhos e netos, que moram perto de sua casa. Todos têm verdadeira adoração por ela e gostariam de ajudá-la. Apesar de sempre se oferecerem para fazer compras, cozinhar, arrumar a casa, cuidar da roupa, dirigir para as consultas médicas, buscar receitas de medicamentos, Sandra sempre foi categórica, recusando ajuda mesmo quando se sentia esgotada. Nem parava para pensar – teimosa, preferia fazer tudo sozinha. No entanto, está totalmente ciente da dificuldade cada vez maior de se virar sozinha e de fazer tudo que precisa. Mesmo assim, recusa ajuda e se sobrecarrega, sentindo-se pior depois: a dor torna-se insuportável, exigindo mais medicação, e o nível de energia despenca por dias.

No fundo, Sandra sabe que precisa de ajuda, mas se recusa a pedir ou a aceitar. Seus medos, a resistência e o constrangimento de ficar do outro lado da assistência – como receptora do cuidado – impedem-na de aceitar. Não quer ceder nem desistir. Preocupa-se em ser vista como alguém frágil e carente. Enquanto isso, aqueles que se preocupam com ela permanecem quietos, observando, sentindo-se impotentes e, de certa forma, frustrados.

PARE AGORA: Faça uma pausa e observe como se sente depois de ouvir a história da Sandra. Simplesmente pare e entre em contato com o corpo e a mente. Com o que você se identifica nesse exemplo? Observe as sensações corporais e emoções neste momento. Pense em como você reage quando alguém lhe oferece ajuda e se você pede ajuda quando necessário.

DA RESISTÊNCIA À RECEPTIVIDADE

Embora recusar ajuda seja muito mais comum que aceitar e receber ajuda com naturalidade, tal decisão também traz consequências. Tentar fazer tudo sozinho provavelmente o deixará esgotado, possivelmente sentindo mais dores, desconforto e falta de energia. Isso, por sua vez, requer mais repouso e no final você acabará fazendo menos coisas do que gostaria e tendo menos tempo para desfrutar a companhia da família e dos amigos. Resistir à ajuda com palavras ou ações (fincando os pés no chão, por exemplo) é algo geralmente carregado de raiva, tristeza, medo e que gera estresse no corpo, nas relações interpessoais e no estado de espírito. A tensão muscular, em especial, pode agravar dores ósseas ou musculares já existentes e resultantes da doença de base.

Talvez você queira partir para o ataque ou construir muralhas para afastar as pessoas que tentam ajudá-lo. Por outro lado, mais tarde poderá sentir-se mal com isso e menosprezar-se por tê-las afastado. Resistência gera restrição. Faz com que a mente e o corpo contraiam-se, limitando perspectivas, possibilidades e a capacidade de sentir alegria e amor. Receptividade, por outro lado, envolve abertura: mente, corpo e coração abertos. Estar aberto para receber a ajuda dos outros implica aceitar o que está acontecendo. Há suavidade e liberdade na experiência de aceitar e receber assistência com delicadeza, e isso se reflete em um estado de ânimo mais leve, um corpo mais relaxado, maior empatia com os outros e uma vida mais tranquila, de um modo geral. Também permite que as pessoas que você ama demonstrem gratidão por todo o amor e carinho que você lhes dedicou ao longo dos anos. Sentem-se bem com si próprias, ao perceberem que também podem contribuir com algo positivo em sua vida. Ficam satisfeitas e realizadas por poderem ajudá-lo. Sentem-se úteis, em vez de inúteis.

Receber e aceitar ajuda não significa perder a independência. Você pode ser ajudado e, ainda assim, continuar fazendo outras atividades sozinho; uma coisa não exclui a outra, sem falar que todos vocês podem fazer coisas juntos. O objetivo é conscientizar-se e saber discernir quando você é capaz de fazer algo razoavelmente bem sozinho e quando precisa realmente de ajuda. A prática regular de mindfulness o auxiliará a ter esse discernimento. Mindfulness nos ajuda a ver as coisas com mais clareza e a tomarmos decisões bem fundamentadas em relação ao autocuidado.

Voltando à história de Sandra: gradativamente ela começou a se abrir para a ajuda da família. Iniciou a mudança pedindo aos filhos para ajudarem-na a lavar suas roupas – e eles aceitaram com alegria. Foi um trabalho em equipe: o filho juntava as roupas e lençóis sujos e os colocava na máquina de lavar; a filha transferia tudo para a secadora; e, juntos, todos dobravam, guardavam a roupa e colocavam os lençóis novos. Esse trabalho conjunto criou uma oportunidade para compartilhar velhas histórias e dar muitas risadas. Essa experiência positiva tornou Sandra mais receptiva, permitindo que os filhos a ajudassem de outras formas. Aos poucos, conseguiu mudar sua visão sobre aceitar ajuda: se por um lado ela perdia um pouco a independência, por outro lado passava a ter mais tempo de qualidade com as pessoas mais importantes de sua vida.

Rompendo Barreiras: Medo, Orgulho e Hábitos

Três barreiras comuns que interferem na receptividade à ajuda dos outros são medo, orgulho e hábitos. Neste contexto, medo pode se referir ao medo de perder o controle, medo de desistir de tudo ou de se entregar à doença e medo de enfraquecer. Orgulho, neste caso, refere-se à rigidez do ego ou a um sentido de "eu" apegado à ideia de ser independente. Medo e orgulho geralmente caminham de mãos dadas. Apesar de protegerem a curto prazo, podem criar outros desafios a longo prazo. Podem impedi-lo de se abrir a alternativas que atendam melhor às suas necessidades. Na realidade, desapegar-se do medo e do orgulho, e pedir e aceitar ajuda com sinceridade deixam você no comando da situação. Você passa a ter uma posição de poder, pois pode decidir aquilo de que precisa e determinar a melhor forma de receber ajuda. Talvez perceba como sua receptividade à atenção e à assistência prática oferecida pelas pessoas produz um efeito positivo não apenas no seu bem-estar, mas também no modo como essas pessoas se sentem. Provavelmente, perceberá que não está sozinho, mas que todos estão ali, para apoiá-lo.

Hábitos condicionados (por exemplo, não pensar em solicitar ajuda ou recusar-se automaticamente a receber qualquer assistência, como se fosse um reflexo) interferem na receptividade necessária para aceitarmos ajuda. Isso é especialmente válido para os pais, condicionados a ajudar em vez de contarem com a ajuda dos filhos. Romper velhos hábitos ainda é possível e você pode aprender a fazer isso da mesma forma como pode desenvolver qualquer habilidade nova. Se quiser aprender dança de salão, por exemplo, não conseguirá andar até a pista de dança e sentir-se à vontade com todos os movimentos na primeira vez. É fundamental começar com passos curtos, intencionais, com alguém em quem confie. Pouco a pouco, pequenas conquistas o deixarão mais confiante para dar passos maiores e mais ousados, até que tudo seja totalmente natural para você. Da mesma forma, você perceberá uma diferença no modo como se sente ao ser receptivo à ajuda dos outros. Verá que isso só enriquecerá (em vez de restringir) sua vida e será cada vez mais fácil aceitar ajuda no futuro.

Eles Não me Ajudaram quando Pedi

Quando estiver munido de confiança para pedir ajuda, pode acontecer de alguém lhe dizer "não" ou responder que não poderá ajudá-lo. Talvez você fique arrasado ou indignado: *Como ele pode recusar ajuda justamente quando mais preciso?* Ao solicitar ajuda, a melhor coisa é não se apegar ao resultado, ou seja, esteja preparado para aceitar todo tipo de resposta. Se o outro disser "não", talvez signifique que ele simplesmente não poderá ajudá-lo da forma que você precisa neste momento. Não significa, necessariamente, que jamais estará disponível para você, mas apenas que neste exato momento ele não poderá ajudá-lo. Talvez precise atender às próprias necessidades antes de cuidar de você, da mesma forma que o comissário de bordo nos alerta a colocarmos a máscara de oxigênio primeiro em nós mesmos, antes de ajudarmos os outros. Pode ser também que a pessoa a quem você pediu ajuda não se veja em condições de fornecer a assistência solicitada, embora fique feliz em ajudá-lo de outras formas. É fundamental ser honesto um com o outro para que você possa pedir ajuda com sinceridade e deixar seus entes queridos à vontade para recusar. É importante honrar as respostas recebidas, evitando julgar e não levando nenhuma recusa para o lado pessoal. Quando isso acontecer, retorne para dentro de si, com estabilidade, clareza e confiança. Quando sentir novamente que é a hora certa, tente pedir ajuda de novo, seja para a mesma pessoa ou para outra.

NÃO TENHO A QUEM RECORRER

É possível que você more sozinho e sinta-se isolado, como se não tivesse ninguém a recorrer. Caso não tenha o sistema de apoio tradicional (família e amigos), pense de modo mais criativo em suas relações com outras pessoas e veja quem estaria disposto a ajudá-lo, caso precise de ajuda. Será que existe algum vizinho, algum velho (ou novo) amigo ou parente mais distante com quem você se dá bem? Se não conseguir pensar em ninguém, prepare-se para buscar ajuda profissional. Explique para sua enfermeira, médico ou assistente social as dificuldades que tem enfrentado e que não há ninguém para ajudá-lo. Este será um primeiro passo importante para obter o auxílio necessário.

• **PRÁTICA DE REFLEXÃO** •
Recebendo e Aceitando Ajuda

• Encontre uma posição confortável e estável. Feche os olhos ou, se preferir, mantenha-os abertos, porém relaxados. Sem forçar nada, deixe que a mente comece a se aquietar e volte a atenção para as sensações da respiração ou para outra sensação neutra que lhe pareça mais confortável. Simplesmente repouse na quietude, consciente, por alguns momentos.

• Pense em alguma situação em que você precisou de algo e não pediu ajuda. Tente perceber o que o impediu de fazer isso. O que o segurou? Preste atenção em como você se sente neste momento, ao se lembrar disso.

- Pense em outra situação na qual alguém ofereceu ajuda e você recusou, embora lá no fundo você soubesse que precisava de ajuda. Quem era essa pessoa e quais as circunstâncias? O que o impediu de aceitar ajuda? Você se sente incomodado ou satisfeito com a forma como lidou com a situação? Observe como se sente ao pensar nisso.
- Lembre-se agora de alguma vez em que você pediu ajuda. Para quem pediu? Em qual situação? Como a pessoa reagiu? Como você se sentiu depois? Como se sente agora, ao pensar nisso? Se não conseguir se recordar de nenhuma situação em que pediu ajuda, tudo bem.
- Pense em alguém que você ama, que seja importante em sua vida, e que também o ama e o considera importante. Imagine esta pessoa oferecendo-se para ajudá-lo com algo de que você necessite. Reconheça as boas intenções por trás dessa oferta. Observe como se sente ao se abrir calmamente para a gentileza e generosidade dessa pessoa. Dê um pequeno sorriso e, com sinceridade e gratidão, aceite essa ajuda. Veja como se sente agora, ao visualizar esta imagem.
- Pensando ainda na mesma pessoa (alguém que você ama, que seja importante em sua vida, e que também o ama e o considera importante), imagine-se pedindo que ela o ajude com algo realmente necessário. Lembre-se: essa pessoa é alguém de confiança e que deseja ajudá-lo. Abra-se para o carinho dela. Ao pedir ajuda, seja amável e transmita toda sua gratidão. Preste atenção em como você se sente neste momento, ao pensar nisso.

• ANOTE SUAS REFLEXÕES •
Aceitando Ajuda dos Outros

Escreva sobre uma situação atual na qual você tenha dificuldade para cuidar de si, mas até agora não conseguiu se abrir para pedir ou receber ajuda dos outros. Escreva especificamente sobre o que o impede de pedir ou aceitar a ajuda necessária. Concentre-se em suas próprias questões pessoais que prolongam tal resistência, como medo, raiva, teimosia e orgulho. Não culpe nem menospreze os outros; em vez disso, mantenha o foco em si mesmo e naquilo que você pode mudar (sua atitude, comunicação e ações). Observe como se sente ao anotar tudo isso.

Quando tiver escrito o que o impede de pedir ou aceitar ajuda, escreva sobre o que você pode fazer para pedir assistência aos outros com elegância. Preste atenção em como se sente neste exato momento – as sensações corporais e as emoções que está sentindo – e faça uma breve anotação dessas sensações e sentimentos.

TODOS OS DIAS...
• Permaneça em mindfulness quando estiver envolvido em atividades obrigatórias, como tarefas domésticas, cuidados pessoais (tomar banho e vestir-se, por exemplo) e atividades relacionadas ao tratamento (dirigir até o consultório médico, buscar prescrições, organizar medicamentos e tratamentos, encaminhar documentos). Observe se você realiza essas atividades sozinho ou se outras pessoas o ajudam. Repare como se sente e se está fazendo coisas além da conta, ou não.

• Procure pequenas novas formas de pedir ajuda e observe como se sente com essas experiências.

- Tente perceber o exato momento em que resiste automaticamente ou afasta aqueles que lhe oferecem ajuda. Quando isso acontecer, faça uma pausa e respire fundo, em mindfulness. Tente ver a situação com leveza e considere a intenção da pessoa que lhe oferece ajuda. Em seguida, tome uma decisão consciente de ser receptivo ou de recusar gentilmente as ofertas.

LEMBRE-SE:

Ser receptivo à ajuda nem sempre é fácil, mas pode melhorar muito sua qualidade de vida, bem como a de seus entes queridos. Envolve escutar o corpo e ser honesto com si próprio e com os outros. Aceitar ajuda gera um espírito de união com aqueles que se importam de verdade com você. As práticas de mindfulness servem de base para ajudá-lo a perceber claramente o que você é capaz de fazer razoavelmente sozinho e reconhecer também quando é prudente solicitar e aceitar assistência de outros.

10

Comunicando-se com mindfulness e sinceridade

Expresse-se totalmente; em seguida, fique quieto.
– Tao Te Ching

Para muitas pessoas é difícil falar com sinceridade, do coração. De um modo geral, desde pequenos somos condicionados a dizer aquilo que os outros querem ouvir com o objetivo de que gostem de nós, ou nos fechamos e nos tornamos reservados devido às reprovações dos outros. Entretanto, a comunicação baseada na verdade e no respeito mútuo – quando uma pessoa fala com clareza e honestidade e a outra a escuta com interesse e sinceridade – pode ser salutar para você e para sua relação com o outro.

A comunicação na fase final da vida pode ser um desafio e tanto. É possível que palavras não ditas ou comunicadas erroneamente por anos a fio tenham criado barreiras entre você e os outros ao longo da vida. Para complicar ainda mais as coisas, talvez você não tenha tempo a perder e precise informar alguns desejos importantes (por exemplo, a decisão de interromper um tratamento médico agressivo ou providências para o funeral). Além disso, você também precisa de ocasiões para expressar seu amor, perdão e pensamentos que gostaria de compartilhar mas ainda não teve oportunidade. Isso me faz lembrar do provérbio "É agora ou nunca". Se você não se empenhar de verdade e não disser o que está passado em sua cabeça e em seu coração *agora*, poderá perder a oportunidade para sempre.

A calma e a presença cultivadas pelas práticas de mindfulness descritas na Parte 1 deste livro formam a base para que você seja claro e sincero. As qualidades de gentileza e respeito nutridas pelas práticas de compaixão explicadas na Parte 2 deste livro formam a base para o amor-bondade e a empatia. Basicamente, quando praticadas em conjunto, a fala e a escuta com mindfulness e sinceridade podem nutrir a cura interior e a compreensão mútua necessária para que você se aproxime de outras pessoas, apesar das dificuldades do passado.

CONVERSAS DIFÍCEIS

Karen, uma querida amiga com melanoma maligno metastático, sabia que seu tempo de vida era limitado. Podia sentir o corpo mudando e admitir como era cada vez mais difícil fazer as coisas e cuidar de si. No fundo, Karen sabia que dar continuidade aos tratamentos médicos agressivos não a ajudariam mais. Também estava cansada das terapias, que a obrigavam a passar a maior parte do tempo na clínica ou no hospital. Já tinha sido "espetada e cutucada" em demasia e achava que era hora de dar um basta. Também expressou seu desejo de morrer em uma agradável unidade residencial de cuidados paliativos, perto de onde morava. Sei disso tudo porque Karen e eu tivemos várias conversas muito francas; embora eu não fizesse parte de seu núcleo familiar, ela me tinha como confidente. Ao me contar como se sentia, Karen também me pedia para prometer não contar nada para seus familiares. Alegava que não estavam prontos e que não aguentariam saber como ela se sentia, pelo menos por enquanto. Para não preocupá-los, preferia não contar nada e continuar adotando uma postura passiva, com intervenções médicas inúteis. O marido, Roger, agarrou-se à crença de que algum medicamento milagroso surgiria em algum momento para salvá-la. A mãe, que raramente saía de seu lado, tinha verdadeira adoração por ela, sua única filha, e a incentivava a continuar se alimentando e caminhando, pois isso a deixaria mais forte. Karen continuou não tocando no assunto, obedecendo rigorosamente aos desejos de Roger e da mãe, até o dia de sua morte, na UTI.

Em uma outra história, um de meus queridos colegas, que sempre fora um marido dedicado, pai amoroso e grande mentor de seus alunos, foi diagnosticado com câncer de fígado. Para lidar com a doença e poupar as pessoas com quem convivia, tentou continuar vivendo normalmente. Não tinha interesse algum em discutir seu prognóstico e tentava honrar todos os compromissos profissionais, participando inclusive de uma reunião do corpo docente de sua instituição poucas semanas antes de falecer. Naquele dia trágico, não consegui vê-lo a tempo: ele faleceu apenas alguns minutos antes de eu chegar. Quando entrei no quarto, vi a esposa agarrada ao corpo dele, abraçando-o, chorando de desespero e tristeza. Suas emoções reprimidas e palavras nunca ditas jorravam da boca, em uma torrente até então represada. Ela nunca expressara seus sentimentos mais profundos e todo seu amor enquanto ele estava vivo.

PARE AGORA: Faça uma pausa e observe como se sente após ter lido essas histórias. Simplesmente pare e entre em contato com o corpo e a mente. Preste atenção no impacto que esses exemplos têm em você. Observe as sensações corporais e as emoções que está sentindo neste momento. Analise sua capacidade de lidar com conversas difíceis.

Justificativas Comuns para Evitar Conversas Difíceis

Infelizmente, histórias como essas são bastante comuns. Testemunhei muitas outras – pessoas com doenças incuráveis e seus entes queridos – que se recusaram a se envolver em conversas difíceis. Os assuntos discutidos em tais conversas podem ser problemas do passado (velhas feridas, por exemplo), problemas atuais (desejos relacionados ao tratamento médico), questões futuras (os cuidados com a família e os negócios) ou até mesmo dizer *Eu te amo*, *Obrigado* e *Adeus*. Há três razões comuns para as pessoas não tomarem a iniciativa: em primeiro lugar, algumas têm dificuldade em expressar seus sentimentos e desejos com sinceridade em circunstâncias normais – imagine então em conversas delicadas (porém necessárias) à medida que se aproximam ou se encontram na fase final da vida. Em segundo lugar, não querem preocupar os outros. Assim como Karen, a pessoa que está doente pode querer aguentar tudo sozinha na tentativa de agradar os outros e ser vista como alguém forte, que não desiste. Os membros da família podem também evitar tocar no assunto, tentando proteger o ente querido que está doente. Em terceiro lugar, supersticiosamente acreditam que essas conversas, sejam implícitas ou explícitas, seriam um "atestado" da gravidade da doença e acelerariam a morte (como se o fato de não conversarem a respeito pudesse evitar alguma coisa). Sabemos que este não é um pensamento racional, pois não há provas de que haja uma relação causa-efeito em casos como esses – muito pelo contrário: um estudo revelou que o início precoce do cuidado paliativo, ou seja, um reconhecimento implícito de que a cura é pouco provável, acaba prolongando a sobrevida, diminuindo a depressão e melhorando a qualidade de vida de pacientes com câncer pulmonar em estádio avançado, em comparação a pacientes com tratamento médico convencional, agressivo (Temel et al., 2010). Não importa qual o motivo: ninguém se beneficia realmente ao evitar conversas difíceis, porém honestas, principalmente nesse momento da vida de um paciente doente. Há pouco a perder e muito a ganhar ao falarmos abertamente e ouvirmos o outro com zelo e atenção.

Mindfulness Interpessoal

A prática de mindfulness interpessoal envolve ser você mesmo, falar a verdade e ouvir com sinceridade. Se você é como muitas pessoas, talvez se recorde de situações em que se precipitou ao falar e depois ficou frustrado, pois a mensagem não foi transmitida adequadamente. Ou você buscou as palavras certas, mas elas não vieram na hora; ou ensaiou mentalmente inúmeras vezes, só para descobrir depois que a conversa soou artificial, sem profundidade suficiente.

O consagrado processo de seis etapas conhecido como *diálogo do insight*, desenvolvido por Greg Kramer, é uma forma de mindfulness interpessoal que promove uma comunicação bem pensada e significativa (Kramer, 2007). O Diálogo do Insight é especialmente útil em conversas delicadas, como as que descrevi acima. Não é um tipo de comunicação forçada, apressada ou ensaiada. O melhor é começar simplesmente sentando-se silenciosamente, permanecendo

presente para o outro durante alguns minutos. As seis etapas são:
1. *Pare*. Antes de falar, pare. Simplesmente fique na experiência interna do momento presente por alguns minutos, observando as sensações corporais, pensamentos e emoções.
2. *Relaxe*. Deixe que a mente e o corpo se acalmem. Preste atenção no ritmo da respiração ou em outro ponto neutro de atenção. Talvez também seja interessante concentrar-se nas partes do corpo que estão tensas. Respire, focando nessas áreas e observe a tensão se dissolvendo.
3. *Abra-se*. Abra-se para a totalidade do que está acontecendo fora do seu corpo. Por exemplo, sinta a pessoa que está perto de você e as qualidades do ambiente (cor, luz, movimento do ar e temperatura).
4. *Confie no que surgir*. Desapegue-se de ideias preconcebidas e confie na experiência que se revela.
5. *Escute profundamente*. Com atenção e receptividade, entregue-se totalmente às palavras e à presença do outro e escute sua própria voz interna.
6. *Fale a verdade*. Deixe que as palavras fluam espontaneamente e seja franco e amável ao falar.

• PRÁTICA DE REFLEXÃO •
Como se Preparar para Conversas Difíceis

Esta prática pode ser apenas uma reflexão ou pode incluir a parte escrita também. Faça como preferir.
• Aquiete a mente e o corpo, observando a respiração ou algum outro ponto neutro de atenção. Permaneça consciente do que acontece por alguns instantes.

- Pergunte-se: *Será que já disse tudo que tinha a dizer para as pessoas realmente importantes em minha vida? Existe alguém (ou mais de uma pessoa) com quem preciso falar mas evitei até agora?*
- Se perceber que precisa falar com alguém mas ainda não o fez, pergunte-se:
    Com quem preciso falar?
    O que quero contar para essa pessoa?
    O que me impede de fazer isso?
    O que eu (ou nós) perco (perdemos) ao hesitar (hesitarmos) em falar?
    O que eu (ou nós) ganho (ganhamos) se eu me abrir?
    Como posso proporcionar essa conversa?
- Feche os olhos por alguns instantes e observe como se sente neste momento.

TODOS OS DIAS...

Faça uma pausa antes de falar. Em seguida, fale com honestidade e sinceridade. Escute com atenção, transmitindo bondade e interesse genuínos.

LEMBRE-SE:

Evitar falar sobre tópicos difíceis gera tensão em você e entre você e os outros. Além disso, talvez você perca a oportunidade de dizer aquilo que precisa se continuar esperando o momento certo. A comunicação baseada na verdade, no carinho e no respeito pode promover cura interna e compreensão mútua.

Se você tem dificuldades para levantar um assunto delicado ou sente que seus familiares poderão reagir com negatividade ou impulsividade, pense em iniciar a comunicação com um bilhete ou carta sincera, resumindo seus sentimentos ou desejos, em vez de começar com uma conversa cara a cara. Isso pode dar a seus entes queridos a oportunidade de refletir sobre suas palavras e, assim, abrir caminho para um diálogo honesto e essencial.

11

SEM PALAVRAS: O PODER DA PRESENÇA E DO TOQUE

> *O silêncio*
> *é um oceano. O discurso é um rio.*
> *Quando o oceano está à sua procura, não caminhe*
> *até o rio da linguagem. Escute o oceano*
> *e dê fim às conversas.*
> – Rumi, The Essential Rumi

Embora a comunicação verbal seja poderosa, comunicar-se sem palavras tem a mesma força. O poder da presença e do toque não deve ser menosprezado. Há momentos em que as palavras são simplesmente inadequadas ou supérfluas; em outros momentos, falar requer um esforço excessivo ou pode até ser impossível.

Robert era um advogado aposentado de setenta e dois anos com um distúrbio neuromuscular progressivo, que afetava muitas de suas habilidades funcionais, como caminhar, conversar, escrever e se alimentar. Do ponto de vista mental, Robert estava ótimo, porém cansava-se com facilidade e passava períodos cada vez maiores deitado na cama, escutando audiobooks, ouvindo Mozart e meditações guiadas. Durante muitos anos, a relação com a família permaneceu muito forte e Robert recebeu grande apoio desde que ficara doente. No entanto, com o passar do tempo, os familiares começaram a participar menos de seus cuidados, pois agora ele requeria ajuda adicional, com cuidadores em casa, 24 horas por dia. A esposa Abigail, e os filhos Jessica e John, já adultos, ficavam frustrados, pois sentiam uma separação cada vez maior dele, que não conseguia mais interagir. Robert também sentia-se frustrado e isolado. Entristecia-se com a distância palpável das pessoas que tanto amava e ansiava uma nova aproximação da esposa, filha e o filho.

Robert e sua família acreditavam que não poderiam mais se comunicar. Simplesmente não percebiam as enormes oportunidades de expressarem-se sem palavras, apenas com a presença e o contato físico.

Presença é um estado de receptividade e atenção com o outro, em uma atmosfera de silêncio que envolve carinho e espaço. *Toque*, no contexto deste livro, é a conexão tátil entre duas pessoas, através do contato pele a pele. Simplesmente estar presente para o outro, com ou sem contato físico, já costuma ser suficiente para transmitir amor e compaixão, e manter (e talvez aprofundar) a experiência mútua de empatia. Na verdade, nossa presença e contato físico são os maiores presentes que podemos dar ao outro.

PRESENÇA

Às vezes as palavras podem interferir em nosso verdadeiro vínculo com o outro. A linguagem pode confundir, distrair e, consequentemente, manter as interações em um nível superficial. Em muitas situações, simplesmente *estar com o outro* já é mais do que suficiente. Há plenitude, riqueza e intimidade na experiência compartilhada de sentar-se silenciosamente ao lado do outro. É algo que transcende a comunicação verbal (por exemplo, quando sentamos juntos em silêncio e vemos o pôr do sol. O que é transmitido em um momento como esse está além das palavras. No livro *Being with Dying: Cultivating Compassion and Fearlessness in the Presence of Death*, Roshi Joan Halifax explora a fundo o papel essencial da presença no estágio final da vida e seu impacto na pessoa que está morrendo, em seus entes queridos e nos cuidadores profissionais envolvidos. Ela diz (Halifax 2009, 10): "Muitas vezes sentimos que o silêncio e a tranquilidade não são suficientemente bons quando estamos sofrendo. Sentimo-nos impelidos a "fazer algo": conversar, consolar, trabalhar, limpar, mexer-se, "ajudar". Porém, no abraço compartilhado da meditação, um cuidador e uma pessoa à beira da morte podem ser acolhidos em um silêncio íntimo que transcende o consolo ou a assistência... Será que realmente precisamos dizer algo nessa hora? Será que posso desenvolver uma intimidade ainda maior por meio de uma mutualidade que vai além das palavras e ações? Posso relaxar e confiar no simples fato de estar presente, sem precisar que minha personalidade seja a mediadora desta relação tão terna que compartilhamos?"

Silêncio

De um modo geral, o silêncio não é valorizado em nossa sociedade e, de fato, raramente é praticado na vida diária. Sempre que há uma pausa durante uma conversa é muito comum as pessoas tentarem preenchê-la rapidamente com palavras, por puro condicionamento, ou por sentirem-se incomodadas ou preferirem manter uma distância emocional.

Talvez você perceba que se sente mais à vontade ao ficar em silêncio com alguém em determinados momentos do que em outros. Pense nas situações em que foi relativamente fácil ficar em silêncio e em ocasiões em que foi difícil. Na sua opinião, o que faz com que as situações sejam diferentes?

Em um trabalho que desenvolvi com os colegas Tony Back, Roshi Joan Halifax e Cynda Rushton, identificamos e discutimos diferentes tipos de silêncio (Back et al., 2009). Alguns deles podem parecer estranhos, indiferentes, hostis ou forçados e outros transmitem uma sensação de bem-estar, assertividade e segurança. Demos a este último tipo de silêncio o nome de *silêncio compassivo*. O silêncio compassivo possui uma qualidade de momento a momento, e um sentido profundo de estar e permanecer com o outro a ponto de nutrir um sentimento mútuo de compreensão e consideração. Embora nosso trabalho seja direcionado a médicos e enfermeiras, o conceito de silêncio compassivo aplica-se a qualquer pessoa. Você e seus entes queridos podem explorar meios de integrar o silêncio compassivo em suas vidas diárias para fortalecer a presença e a empatia.

• PRÁTICA DE REFLEXÃO•
Abrindo-se para a Presença

Faça esta prática com outra pessoa – alguém com quem você tenha uma relação positiva e que esteja disposto a praticar com você.

• Sentem-se ou deitem-se um ao lado do outro, em silêncio. Não falem durante esta prática.

• Não toquem um no outro; simplesmente *estejam* um ao lado do outro.

- Mantendo os olhos relaxados, olhe para a frente (ponto neutro de atenção) ou
feche os olhos. Não olhe nos olhos do outro.
- Observe como se sente: sensações corporais, emoções e o corpo como um todo.
- Preste atenção no ritmo natural da respiração por um ou dois minutos.
- Voltem-se na direção do outro e, se estiverem com os olhos fechados, abram-nos e mantenham um olhar tranquilo. Expanda sua consciência para a respiração do outro, observando o movimento do tórax ou do abdômen dele/dela a cada inspiração e expiração.
- Agora foque a atenção, simultaneamente, na sua própria respiração e na respiração do outro. Durante alguns minutos, mantenha-se consciente da respiração do outro. Repare se sua respiração começa a se sincronizar naturalmente com a dele/dela. Simplesmente observe, não tente alterar a respiração de modo algum.
- Veja como se sente: sensações corporais, tipos de emoção e o corpo como um todo.
- Agora olhem tranquilamente para os olhos do outro.
- Enquanto se olham calmamente, fique atento à sua respiração, à respiração dele/dela e à sensação de estarem juntos. Permaneçam nessa consciência por um ou dois minutos.
- Veja como você se sente: sensações corporais, tipos de emoção e o corpo como um todo. Observe como você se sentia ao começar a prática e como se sente agora.

O Toque

O poder do toque – o contato físico com o outro – não pode ser subestimado. Sabemos que bebês prematuros melhoram muito quando são tocados e levados ao colo. O mesmo acontece com os adultos. O toque promove o relaxamento, reduz o estresse, aumenta nossa sensação de bem-estar e nos une aos outros, tanto física como energeticamente, com uma harmonia que não pode ser proporcionada apenas por palavras ou por simplesmente estarmos com o outro. Algumas pessoas têm aversão ao toque e se descrevem como "não muito chegadas." Mesmo com essas pessoas, um simples toque (uma ponta do dedo tocando a outra, ou segurar as mãos) provavelmente não será invasivo e poderá estabelecer uma relação de cura entre você e elas.

Permita-se Ser Tocado
Membros da família e outros entes queridos podem sentir-se impotentes quando não sabem o que fazer para que você se sinta melhor. Talvez eles queiram estar mais próximos e não saibam a melhor forma de transmitir seu amor por você. O toque é uma oportunidade para todos: uma forma de seus entes queridos sentirem que estão ajudando, fazendo-o sentir-se melhor e uma forma não verbal de expressarem seu amor e carinho por você.

O assistente social e pesquisador William Collinge e seus colegas desenvolveram um programa disponível em DVD que ensina aos membros da família algumas técnicas muito simples de toque e de massagem para serem aplicadas nas pessoas que amamos e que estão com câncer (Collinge, 2008; Collinge et al., 2011; Collinge et al., 2007). O DVD demonstra técnicas seguras e fáceis (como massagear delicadamente as mãos, os pés ou o couro cabeludo (Collinge, 2009). Para uma pessoa doente, sentir o toque da pessoa amada pode aliviar sintomas, como dor e ansiedade.

O DVD também mostra como as relações se fortalecem com o uso dessas técnicas. Além disso, os membros da família sentem-se confiantes ao usarem o toque como um instrumento para melhorar a vida do companheiro/cônjuge e dos pais, irmãos ou filhos doentes.

A massagem aplicada por massoterapeutas pode ser extremamente benéfica, pois promove o relaxamento mental e físico, e alivia a dor. Pesquisas na área demonstraram os efeitos positivos da massagem terapêutica na qualidade de vida de pessoas com doenças graves, principalmente quando associadas à meditação (Downey et al., 2009; Williams et al., 2005).

Como Tocar os Outros

O toque pode ser recíproco. Em vez de simplesmente ser tocado pelos outros, pense em uma maneira de entrar em contato e tocar os outros também. Por exemplo, estique a mão para incentivar o contato e depois fique de mãos dadas, ou passe uma loção ou dê tapinhas suaves nas mãos e pés de alguém que você ama, se tiver condições de fazer isso. Isso não requer muita energia. Talvez você também se sinta um pouco inútil por não conseguir cuidar dos outros como antes. Doar-se com um toque ou uma massagem simples pode ajudá-lo a se sentir útil novamente e fazer com que os outros sintam-se bem.

Tomar a iniciativa para tocar o outro não precisa se restringir a pessoas. Tocar um animal de estimação pode ser profundamente confortante também, talvez até mais do que tocar seres humanos. Cães e gatos têm uma presença calorosa e incondicional, que nos convida a expressarmos nosso amor e a nos conectarmos com eles por meio das mãos.

• PRÁTICA DE REFLEXÃO •
Tocando e Deixando-se Tocar

Reflita – ou reflita e escreva – ao pensar em sua relação com o toque.
• Quais as diferentes formas de as pessoas tocarem você?
>Como você se sente ao ser tocado por alguém?
>Você se sente à vontade quando alguém o toca? Você gosta de ser tocado?
>Você prefere ser tocado por certas pessoas em especial? Elas sabem que você aprecia o contato físico?

• Quais as diversas formas de contato físico que você estabelece com os outros?
>Como você se sente ao iniciar o contato físico?
>Você se sente bem ao iniciar um contato físico?
>Você prefere tocar certas pessoas em especial? Elas sabem que você gosta de tocá-las?

• Pense em como expandir a prática do toque em sua vida, seja deixando-se tocar ou tomando a iniciativa de tocar alguém.

TODOS OS DIAS...
Durante alguns minutos, sente-se em silêncio com alguém importante em sua vida e toque essa pessoa com delicadeza. Caso se sinta à vontade, pergunte para alguém que você ama se ele/ela gostaria de massagear suas mãos, pés ou pescoço.

LEMBRE-SE:
A comunicação sem palavras é poderosa. A presença silenciosa e compassiva é receptiva e generosa. Um simples

contato físico, como ficar de mãos dadas, acariciar ou massagear áreas de fácil acesso é algo confortante para todos. A presença e o toque podem nutrir a cura e a empatia entre você e seus entes queridos de um modo que transcende palavras.

12

FLORESCENDO NO AQUI E NO AGORA

Aquele que tem "um porquê" para viver pode suportar quase qualquer "como".
– Friedrich Nietzsche

Viktor Frankl, famoso psiquiatra e sobrevivente do Holocausto, ao contar sobre a época em que esteve nos campos de concentração da Segunda Guerra Mundial, disse o seguinte:

"A vida nos traz um significado potencial em qualquer situação, mesmo nas mais infelizes." (Frankl, 1984). Suas palavras inspiradoras mostram a possibilidade de você – também – encontrar significado em sua vida, apesar dos desafios físicos e mentais.

Talvez você perceba que pensar e preocupar-se sem parar pode encobrir sua capacidade de ver o que dá significado à vida. É possível que tenha perdido contato com o que nutre e energiza seu espírito ou talvez as circunstâncias tenham mudado muito e aquilo que dava sentido à sua vida já não está mais ao seu alcance. Pode ser que encare a situação atual com amargura ou fique frustrado com as limitações – reais ou percebidas – que o impedem de levar uma vida significativa.

O cultivo de mindfulness, conforme descrito em detalhes na Parte 1 deste livro, permite que você se abra e veja as coisas mais claramente, fazendo um balanço daquilo que é mais importante. Também poderá ajudá-lo a avaliar, de modo realista, o que é capaz de fazer e a estabelecer de fato suas prioridades no precioso tempo que lhe resta. O cultivo da compaixão e de qualidades interpessoais relacionadas – como bondade, perdão, generosidade, alegria empática e gratidão, conforme exploradas na Parte 2 deste livro – pode ajudar seu coração a se abrir e se curar. Mindfulness e compaixão fundem-se para criar uma forte empatia – entre você e sua sabedoria interna, as pessoas importantes em sua vida, outras pessoas próximas ou até mesmo distantes que possam estar sofrendo também, a natureza e, para algumas pessoas, até mesmo a conexão com um ser superior, como Deus. Juntas, mindfulness, compaixão e empatia farão com que você se recorde ou se reintegre àquilo que é mais importante em sua vida (e fazer parte do todo, novamente).

Florescer significa expandir, prosperar e crescer vigorosamente. Esse termo é utilizado para descrever plantas, bebês e o espírito humano. É justamente essa última imagem que mais tem a ver com você. Você pode se perguntar como seria possível expandir e crescer neste momento de vida. Talvez não possa mais fazer as mesmas atividades físicas de antes (como praticar exercícios ou trabalhar) ou nem mesmo atividades mentais, como lembrar-se de fatos ou fazer cálculos. Mesmo assim, você ainda pode viver cada dia com curiosidade e ter novos insights sobre si mesmo e sobre o mundo ao redor, e poderá também deixar suas "impressões digitais" nas pessoas e coisas que tocar. Explorar o que traz significado à sua vida permitirá que você floresça e deixe um legado que jamais será esquecido. Outras formas de florescer incluem a flexibilidade e a disposição para tentar coisas novas: atividades gratificantes e agradáveis; manter relacionamentos que gerem apoio e confiança; expressar-se com sinceridade; fazer uma parceria com a equipe que cuida de sua saúde; estabelecer uma conexão espiritual, inclusive com a natureza; e preencher o dia com diversão e muitas risadas.

Florescer no aqui e no agora significa viver plenamente neste exato momento – reconhecendo aquilo que é realmente importante, a vivacidade e satisfação nas coisas simples da vida, e a bondade, amorosidade e alegria no relacionamento com os outros. Desta forma, você poderá promover ao máximo a qualidade de sua vida e de suas relações atuais, e produzir um impacto positivo e duradouro no futuro.

• PRÁTICA DE REFLEXÃO •
Identifique o Que é Mais Importante e Estabeleça Prioridades

Você pode fazer esta prática apenas refletindo em silêncio ou fazendo anotações em seu diário também, posteriormente.

• Faça uma pausa, mesmo que apenas por alguns instantes; centre-se na experiência do momento presente; perceba as sensações em seu corpo; ou escute e olhe ao redor.

• Pense no que é mais importante para você nesta fase de vida.

As pessoas ou animais de estimação de que você mais gosta

Desejos ainda não realizados

Os legados que quer deixar

Conexões espirituais que gostaria de desenvolver ou fortalecer

- Analise se você tem passado tempo suficiente dedicando-se ao que mais lhe importa.
- Pense no que pode fazer para ser sincero consigo mesmo e dar significado à sua vida.
- De todas as coisas importantes em sua vida, escolha as três principais.
- Identifique aspectos específicos dessas três prioridades que você gostaria de expandir e desenvolver.

REFLEXÕES FINAIS

Este livro o acompanhou em uma jornada de autoconhecimento. Não trouxe mudança alguma, simplesmente o ajudou a despertar para sua própria sabedoria interna, abrindo seu coração e reconectando-o com os outros e com o mundo ao redor. As práticas deste livro não são ensaios de teatro ou aulas de música com data e horário marcado. São práticas vivas, que podem integrar-se à forma como você vê a vida todos os dias.

Conviver com uma doença grave e ter que enfrentar a própria morte não precisa ser algo necessariamente assustador e desesperador. Sua boa índole e essência continuarão sempre a seu lado, não importa o que aconteça por dentro ou por fora. Talvez estejam encobertas pela agitação mental, distrações ou desconforto, do mesmo modo que as nuvens escuras podem obscurecer temporariamente a luz e o calor constantes do sol, embora ele sempre continue presente. Mindfulness, compaixão e empatia são qualidades que podem ser cultivadas com as práticas descritas neste livro, fortalecendo o sentido de *presença* e *abertura*, em vez de resistência ou recolhimento. Permitem que sua verdadeira essência brilhe ainda mais, direcionando-o para o que realmente importa, permitindo que você se sinta inteiro e viva em plenitude, apoiando-o em eventuais tempestades e, em última instância, proporcionando-lhe mais paz no momento da morte. Assim, é fundamental que você dedique tempo e atenção a suas próprias necessidades. Minha esperança é que você guarde – no coração e na mente – esses capítulos e histórias que compartilhei. Em vez de simplesmente se virar para sobreviver, você pode viver em plenitude e florescer hoje. Você está pronto?

A partir de agora, do que você quer se lembrar?

Como a luz do sol desliza sorrateiramente pelo piso reluzente de uma sala?

Que aroma da velha madeira paira aqui, que som de fora preenche o ar?

Será que algum dia você trará ao mundo um presente maior que o respeito vital que carrega aonde quer que vá, neste exato momento?

Espera que o tempo lhe revele pensamentos melhores?

Quando você se for, a partir daqui, assuma este novo breve olhar que encontrou; leve para a noite tudo o que quer deste dia. Este intervalo que permaneceu lendo ou ouvindo estas palavras, guarde-o para o resto da vida.

O que mais alguém poderá lhe oferecer que seja melhor do que o agora, a partir daqui, bem nesta sala, quando você se for?

– William Stafford, *"You Reading This, Be Ready"*,
no livro *The Way It Is: New and Selected Poems*

RECURSOS

Gravações em áudio contendo meditações guiadas de mindfulness e compaixão baseadas nas práticas descritas neste livro estão disponíveis em CD ou para download em arquivos MP3. A autora, Susan Bauer-Wu, também trabalha como facilitadora de workshops e retiros para pacientes com doenças limitantes e seus familiares, e realiza treinamentos e retiros para profissionais de saúde. Para mais informações sobre como adquirir as meditações guiadas e ter acesso a uma lista de workshops e retiros, acesse o site Thriving Today: thrivingtoday.com.

O Upaya Institute patrocina uma série de programas de treinamento de práticas contemplativas e retiros de meditação, inclusive o programa de treinamento *Being with Dying*, voltado a profissionais e realizado no Upaya Zen Center, em Santa Fé, Novo México, EUA. Para ver a lista e a descrição dos programas, acesse www.upaya.org.

O Centro de Mindfulness em Medicina, Saúde e Sociedade da Faculdade de Medicina da Universidade de Massachusetts (the University of Massachusetts Medical School Center for Mindfulness in Medicine, Health Care, and Society) patrocina uma série de programas de treinamento baseados em mindfulness, além de uma conferência anual. Para mais informações sobre os programas e as gravações de meditações guiadas produzidas pelos instrutores do Center for Mindfulness, acesse umassmed.edu/cfm/home/index.aspx. Os CDs de práticas de meditação de Jon Kabat-Zinn podem ser adquiridos pelo site www.mindfulnesstapes.com.

Touch, Caring, and Cancer é o DVD de um programa inspirador e eficaz. Com instruções básicas, tem como objetivo ensinar familiares e amigos de pessoas que sofrem de câncer a aplicar técnicas seguras e simples de toque e proporcionar maior conforto a seus entes queridos (também pode ser usado em indivíduos com doenças graves). Para obter informações sobre esse DVD, bem como um manual ilustrado e suporte online, acesse partnersinhealing.net.

O Centro de Comunicação em Medicina (Center for Communication in Medicine) produziu filmes muito úteis para pacientes, famílias e profissionais de saúde. Os DVDs e os manuais facilitam a comunicação entre pacientes, familiares e profissionais de saúde sobre o significado de diagnósticos "incuráveis porém tratáveis", opções de tratamento, questões relacionadas à qualidade de vida e preferências de cuidados paliativos. Para mais informações, acesse communicationinmedicine.org.

REFERÊNCIAS

Austin, James H. 2009. Selfless Insight: Zen and the Meditative Transformations of Consciousness. Cambridge, MA: MIT Press.

Back, Anthony L., Susan M. Bauer-Wu, Cynda H. Rushton, and Joan Halifax. 2009. "Compassionate Silence in the Patient–Clinician Encounter: A Contemplative Approach." Journal of Palliative Medicine 12 (12):1113–17.

Bauer-Wu, Susan, Amy M. Sullivan, Elana Rosenbaum, Mary Jane Ott, Mark Powell, Margo McLoughlin, and Martha W. Healey. 2008. "Facing the Challenges of Hematopoietic Stem Cell Transplantation with Mindfulness Meditation: A Pilot Study." Integrative Cancer Therapies 7 (2):62–69.

Beech/Rangoon, Hannah. 2010. "Aung San Suu Kyi: Burma's First Lady of Freedom." Time, December 29, www.time.com/time/world/article/ 0,8599,2039939-1,00.html.

Bohlmeijer, Ernst, Rilana Prenger, Erik Taal, and Pim Cuijpers. 2010. "The Effects of Mindfulness-Based Stress Reduction Therapy on Mental Health of Adults with a Chronic Medical Disease: A Meta--Analysis." Journal of Psychosomatic Research 68 (6):539–44.

Bohlmeijer, Ernst, Filip Smit, and Pim Cuijpers. 2003. "Effects of Reminiscence and Life Review on Late-Life Depression: A Meta-Analysis." International Journal of Geriatric Psychiatry 18 (12):1088–94.

Boyce, Barry. 2011. "The Power of Mindfulness: Jon Kabat-Zinn, Daniel Siegel, and Susan Bauer-Wu on Why Mindfulness Heals and How to Do It." Shambhala Sun, January, 42–50.

Brefczynski-Lewis, Julie A., Andre Lutz, Hillary S. Schaefer, D. B. Levinson, and Richard J. Davidson. 2007. "Neural Correlates of Attentional Expertise in Long-Term Meditation Practitioners." Proceedings of the National Academy of Sciences 104 (27):11483–88.

Carlson, Linda E., Michael Speca, Peter Faris, and Kamala D. Patel. 2007. "One Year Pre-Post Intervention Follow-Up of Psychological, Immune, Endocrine, and Blood Pressure Outcomes of Mindfulness-Based Stress Reduction (MBSR) in Breast and Prostate Cancer Outpatients." Brain, Behavior, and Immunity 21 (8):1038–49.

Carmody, James, and Ruth Baer. 2008. "Relationships between Mindfulness Practice and Levels of Mindfulness, Medical and Psychological Symptoms, and Well-Being in a Mindfulness-Based Stress Reduction Program." Journal of Behavioral Medicine 31 (1):23–33.

Carson, James W., Francis J. Keefe, Thomas R. Lynch, Kimberly M. Carson, Veeraindar Goli, Anne Marie Fras, and Steven R. Thorp. 2005. "Loving-Kindness Meditation for Chronic Low Back Pain: Results from a Pilot Trial." Journal of Holistic Nursing 23 (3):287–304.

Chiesa, Alberto, and Alessandro Serretti. 2010. "A Systematic Review of Neurobiological and Clinical Features of Mindfulness Meditations." Psychological Medicine 40 (8):1239–52.

Collinge, William. 2008. Partners in Healing: Simple Ways to Offer Support, Comfort, and Care to a Loved One Facing Illness. Boston: Trumpeter Books.

2009. Touch, Caring, and Cancer: Simple Instruction for Family and Friends. DVD and manual. Kittery Point, ME: Collinge and Associates.

Collinge, William, Janet Kahn, Tracy Walton, Susan Bauer-Wu, Leila Kozak, Mary Malinski, Kenneth Fletcher, Paul Yarnold, and Robert Soltysik. 2011. "Cancer Patient Symptom Reduction: A Randomized Controlled Trial of Family Caregiver Multimedia Instruction in Touch and Massage." Unpublished working copy.

Collinge, William, Janet Kahn, Paul Yarnold, Susan Bauer-Wu, and Ruth McCorkle. 2007. "Couples and Cancer: Feasibility of Brief Instruction in Massage and Touch Therapy to Build Caregiver Efficacy." Journal of the Society of Integrative Oncology 5 (4):147–54.

Creswell, J. David, Hector F. Myers, Steven W. Cole, and Michael R. Irwin. 2009. "Mindfulness Meditation Training Effects on CD4+ T Lymphocytes in HIV-1 Infected Adults: A Small Randomized Controlled Trial." Brain, Behavior, and Immunity 23 (2):184–88.

Creswell, J. David, Baldwin M. Way, Naomi I. Eisenberger, and Matthew D. Lieberman. 2007. "Neural Correlates of Dispositional Mindfulness during Affect Labeling." Psychosomatic Medicine 69 (6):560–65.

Dalen, Jeanne, Bruce W. Smith, Brian M. Shelley, Anita Lee Sloan, Lisa Leahigh, and Debbie Begay. 2010. "Pilot Study: Mindful Eating and Living (MEAL): Weight, Eating Behavior, and Psychological Outcomes Associated with a Mindfulness-Based Intervention for People with Obesity." Complementary Therapies in Medicine 18 (6):260–64.

Davidson, Richard J., Jon Kabat-Zinn, Jessica Schumacher, Melissa Rosenkranz, Daniel Muller, Saki F. Santorelli, Ferris Urbanowski, Anne Harrington, Katherine Bonus, and John F. Sheridan. 2003. "Alterations in Brain and Immune Function Produced by Mindfulness Meditation." Psychosomatic Medicine 65 (4):564–70.

Downey, Lois, Ruth A. Engelberg, Leanna J. Standish, Leila Kozak, and William E. Lafferty. 2009. "Three Lessons from a Randomized Trial of Massage and Meditation at End of Life: Patient Benefit, Outcome Measure Selection, and Design of Trials with Terminally Ill Patients." American Journal of Hospice and Palliative Care 26 (4):246–53.

Emmons, Robert A., and Michael E. McCullough. 2003. "Counting Blessings versus Burdens: An Experimental Investigation of Gratitude and Subjective Well-Being in Daily Life." Journal of Personality and Social Psychology 84 (2):377–89.

Farb, Norman A. S., Zindel V. Segal, Helen Mayberg, Jim Bean, Deborah McKeon, Zainab Fatima, and Adam K. Anderson. 2007. "Attending to the Present: Mindfulness Meditation Reveals Distinct Neural Modes of Self-Reference." Social Cognitive and Affective Neuroscience 2 (4):313–22.

Frankl, Viktor E. 1984. Man's Search for Meaning. New York: Simon & Schuster.

Fredrickson, Barbara L. 2001. "The Role of Positive Emotions in Positive Psychology: The Broaden-and-Build Theory of Positive Emotions." American Psychologist 56 (3):218–26.

Fredrickson, Barbara L., Michael A. Cohn, Kimberly A. Coffey, Jolynn Pek, and Sandra M. Finkel. 2008. "Open Hearts Build Lives: Positive Emotions, Induced through Loving-Kindness Meditation, Build Consequential Personal Resources." Journal of Personality and Social Psychology 95 (5):1045–62.

Goldin, Phillippe, Wiveka Ramel, and James Gross. 2009. "Mindfulness Meditation Training and Self-Referential Processing in Social Anxiety Disorder: Behavioral and Neural Effects." Journal of Cognitive Psychotherapy 23:242–57.

Grossman, Paul, Ludwig Kappos, H. Gensicke, Manoranjan D'Souza, David C. Mohr, Iris K. Penner, and C. Steiner. 2010. "MS Quality of Life, Depression, and Fatigue Improve after Mindfulness Training: A Randomized Trial." Neurology 75 (13):1141–49.

Grossman, Paul, Ludger Niemann, Stefan Schmidt, and Harald Walach. 2004. "Mindfulness-Based Stress Reduction and Health Benefits: A Meta-Analysis." Journal of Psychosomatic Research 57 (1):35–43.

Halifax, Joan. 2009. Being with Dying: Cultivating Compassion and Fearlessness in the Presence of Death. Boston: Shambhala Publications.

Hanser, Suzanne B., Susan Bauer-Wu, Lorrie Kubicek, Martha Healey, Judith Manola, Maria Hernandez, and Craig Bunnell. 2006. "Effects of a Music Therapy Intervention on Quality of Life and Distress in

Women with Metastatic Breast Cancer." Journal of the Society for Integrative Oncology 4 (3):116–24.

Hutcherson, Cendri A., Emma M. Seppala, and James J. Gross. 2008. "Loving-Kindness Meditation Increases Social Connectedness." Emotion 8 (5):720–24.

Jain, Shamini, Shauna L. Shapiro, Summer Swanick, Scott C. Roesch, Paul J. Mills, Iris Bell, and Gary E. Schwartz. 2007. "A Randomized Controlled Trial of Mindfulness Meditation versus Relaxation Training: Effects on Distress, Positive States of Mind, Rumination, and Distraction." Annals of Behavioral Medicine 33 (1):11–21.

Jam, Sara, Amir Hossein Imani, Maryam Foroughi, SeyedAhmad SeyedAlinaghi, Hamid Emadi Koochak, and Minoo Mohraz. 2010. "The Effects of Mindfulness-Based Stress Reduction (MBSR) Program in Iranian HIV/AIDS Patients: A Pilot Study." Acta Medica Iranica 48 (2):101–6.

Jha, Amishi P., Jason Krompinger, and Michael J. Baime. 2007. "Mindfulness Training Modifies Subsystems of Attention." Cognitive, Affective, and Behavioral Neuroscience 7 (2):109–19.

Kabat-Zinn, Jon. 1990. Full Catastrophe Living: Using the Wisdom of Your Body and Mind to Face Stress, Pain, and Illness. New York: Delta.

Kim, Borah, Sang-Hyuk Lee, Yong Woo Kim, Tai Kiu Choi, Keunyoung Yook, Shin Young Suh, Sung Joon Cho, and Ki-Hwan Yook. 2010. "Effectiveness of a Mindfulness-Based Cognitive Therapy Program as an Adjunct to Pharmacotherapy in Patients with Panic Disorder." Journal of Anxiety Disorders 24 (6):590–95.

Kramer, Gregory. 2007. Insight Dialogue: The Interpersonal Path to Freedom. Boston: Shambhala Publications.

Kreitzer, Mary Jo, Cynthia R. Gross, Xiaoyun Ye, Valerie Russas, and Charoen Treesak. 2005. "Longitudinal Impact of Mindfulness Meditation on Illness Burden in Solid-Organ Transplant Recipients." Progress in Transplantation 15 (2):166–72.

Lazar, Sara W., Catherine E. Kerr, Rachel H. Wasserman, Jeremy R. Gray, Douglas N. Greve, Michael T. Treadway, et al. 2005. "Meditation Experience Is Associated with Increased Cortical Thickness." NeuroReport 16 (17):1893–97.

Leary, Mark R., Eleanor B. Tate, Claire E. Adams, Ashley Batts Allen, and Jessica Hancock. 2007. "Self-Compassion and Reactions to Unpleasant Self-Relevant Events: The Implications of Treating Oneself Kindly." Journal of Personality and Social Psychology 92 (5):887–904.

Ledesma, Dianne, and Hiroaki Kumano. 2009. "Mindfulness-Based Stress Reduction and Cancer: A Meta-Analysis." Psycho-Oncology 18 (6):571–79.

Lutz, Antoine, Julie Brefczynski-Lewis, Tom Johnstone, and Richard J. Davidson. 2008. "Regulation of the Neural Circuitry of Emotion by Compassion Meditation: Effects of Meditative Expertise." PLoS ONE 3 (3):e1897. doi:10.1371/journal.pone.0001897.

Lutz, Antoine, Lawrence L. Greischar, Nancy B. Rawlings, Matthieu Ricard, and Richard J. Davidson. 2004. "Long-Term Meditators Self-Induce High-Amplitude Gamma Synchrony during Mental Practice." Proceedings of the National Academy of Sciences 101 (46):16369–73.

Lutz, Antoine, Heleen A. Slagter, John D. Dunne, and Richard J. Davidson. 2008. "Attention Regulation and Monitoring in Meditation." Trends in Cognitive Sciences 12 (4):163–69.

McCullough, Michael E., Robert A. Emmons, and Jo-Ann Tsang. 2002. "The Grateful Disposition: A Conceptual and Empirical Topography." Journal of Personality and Social Psychology 82 (1):112–27.

Messias, Erick, Anil Saini, Philip Sinato, and Stephen Welch. 2010. "Bearing Grudges and Physical Health: Relationship to Smoking, Cardiovascular Health, and Ulcers." Social Psychiatry and Psychiatric Epidemiology 45 (2):183–87.

Moore, Adam, and Peter Malinowski. 2009. "Meditation, Mindfulness, and Cognitive Flexibility." Consciousness and Cognition 18 (1):176–86.

REFERÊNCIAS

Pace, Thaddeus W. W., Lobsang Tenzin Negi, Daniel D. Adame, Steven P. Cole, Teresa I. Sivilli, Timothy D. Brown, Michael J. Issa, and Charles L. Raison. 2009. "Effect of Compassion Meditation on Neuroendocrine, Innate Immune, and Behavioral Responses to Psychosocial Stress." Psychoneuroendocrinology 34 (1):87–98.

Prochaska, James O., and Wayne F. Velicer. 1997. "The Transtheoretical Model of Health Behavior Change." American Journal Health Promotion 12 (1):38–48.

Ricard, Matthieu. 2010. Why Meditate? Working with Thoughts and Emotions. Translated by Sherab Chodzin Kohn. Carlsbad, CA: Hay House, Inc.

Salzberg, Sharon. 2004. Lovingkindness: The Revolutionary Art of Happiness. Boston: Shambhala Publications.

Schwartz, Carolyn, Janice Bell Meisenhelder, Yunsheng Ma, and George Reed. 2003. "Altruistic Social Interest Behaviors Are Associated with Better Mental Health." Psychosomatic Medicine 65 (5):778–85.

Singer, Tania, Ben Seymour, John O'Doherty, Holger Kaube, Raymond J. Dolan, and Chris D. Frith. 2004. "Empathy for Pain Involves the Affective but Not Sensory Components of Pain." Science 303 (5661):1157–62.

Slagter, Heleen A., Antoine Lutz, Lawrence L. Greischar, Andrew D. Francis, Sander Nieuwenhuis, James M. Davis, and Richard J. Davidson. 2007. "Mental Training Affects Distribution of Limited Brain Resources." PLoS Biology 5 (6):e138. doi:10.1371/journal.pbio.0050138.

Steindl-Rast, David. 1984. Gratefulness, the Heart of Prayer: An Approach to Life in Fullness. Ramsey, NJ: Paulist Press.

Sullivan, Martin J., Laura Wood, Jennifer Terry, Jeff Brantley, Ann Charles, Vicky McGee, et al. 2009. "The Support, Education, and Research in Chronic Heart Failure Study (SEARCH): A Mindfulness-Based Psychoeducational Intervention Improves Depression and Clinical Symptoms in Patients with Chronic Heart Failure." American Heart Journal 157 (1):84–90.

Teasdale, John D., Richard G. Moore, Hazel Hayhurst, Marie Pope, Susan Williams, and Zindel V. Segal. 2002. "Metacognitive Awareness and Prevention of Relapse in Depression: Empirical Evidence." Journal of Consulting and Clinical Psychology 70 (2):275–87.

Temel, Jennifer S., Joseph A. Greer, Alona Muzikansky, Emily R. Gallagher, Sonal Admane, Vicki A. Jackson, et al. 2010. "Early Palliative Care for Patients with Metastatic Non–Small-Cell Lung Cancer." New England Journal of Medicine 363 (8):733–42.

vanOyen Witvliet, Charlotte, Thomas E. Ludwig, and Kelly L. Vander Laan. 2001. "Granting Forgiveness or Harboring Grudges: Implications for Emotion, Physiology, and Health." Psychological Science 12 (2):117–23.

Williams, Anna-Leila, Peter A. Selwyn, Lauren Liberti, Susan Molde, Valentine Yanchou Njike, Ruth McCorkle, Daniel Zelterman, and David L. Katz. 2005. "A Randomized Controlled Trial of Meditation and Massage Effects on Quality of Life in People with Late-Stage Disease: A Pilot Study." Journal of Palliative Medicine 8 (5):939–52.

Witek-Janusek, Linda, Kevin Albuquerque, Karen Rambo Chroniak, Christopher Chroniak, Ramon Durazo-Arvizu, and Herbert L. Mathews. 2008. "Effect of Mindfulness Based Stress Reduction on Immune Function,Quality of Life, and Coping in Women Newly Diagnosed with Early StageBreast Cancer." Brain, Behavior, and Immunity 22 (6):969–81.

Witkiewitz, Katie, and Sarah Bowen. 2010. "Depression, Craving, and-Substance Use Following a Randomized Trial of Mindfulness-Based Relapse Prevention." Journal of Consulting and Clinical Psychology 78 (3):362–74.

Worthington Jr., Everett L., Charlotte vanOyen Witvliet, Andrea J. Lerner, and Michael Scherer. 2005. "Forgiveness in Health Research and Medical Practice." Explore 1 (3):169–76.

OBRAS DA PALAS ATHENA EDITORA

ACEITAÇÃO DE SI MESMO E AS IDADES DA VIDA, A   *Romano Guardini*
AMAR E BRINCAR – FUNDAMENTOS ESQUECIDOS DO HUMANO
Humberto R. Maturana e Gerda Verden-Zöller
AMKOULLEL, O MENINO FULA   *Amadou Hampâte Bâ*
ARIANO SUASSUNA - O CABREIRO TRESMALHADO
Maria Aparecida Lopes Nogueira
ÁRVORE DO CONHECIMENTO, A – AS BASES BIOLÓGICAS DA
COMPREENSÃO HUMANA   *Humberto R. Maturana e Francisco J. Varela*
AUTOBIOGRAFIA: MINHA VIDA E MINHAS EXPERIÊNCIAS COM A VERDADE
Mohandas K. Gandhi
CÁLICE E A ESPADA, O   *Riane Eisler*
CAMINHO É A META – GANDHI HOJE, O   *Johan Galtung*
COISA MAIS PRECIOSA, A   *Shundo Aoyama Rôshi*
COMPAIXÃO OU COMPETIÇÃO – VALORES HUMANOS NOS NEGÓCIOS
E NA ECONOMIA   *Sua Santidade o Dalai Lama*
CONQUISTA PSICOLÓGICA DO MAL, A   *Heirinch Zimmer*
CORAÇÃO DA FILOSOFIA, O   *Jacob Needleman*
DESAFIO DA COMUNICAÇÃO, O – CAMINHOS E PERSPECTIVAS
M. Maldonato

Deuses do México indígena *Eduardo Natalino dos Santos*

Dhammapada – a senda da virtude *tradutor: Nissim Cohen*

Diálogo – comunicação e redes de convivência *David Bohm*

Diálogo sobre a Natureza Humana *Boris Cyrulnik e Edgar Morin*

Diálogos dos mortos *Luciano de Samósata*

Disciplina Restaurativa para escolas
Lorraine Stutzman e Judy H. Mullet

Educar para a paz em tempos difíceis *Xesús R. Jares*

Ética, solidariedade e complexidade
Edgard de Assis Carvalho, Maria da Conceição de Almeida, Nelly Novaes Coelho, Nelson Fiedler-Ferrara e Edgar Morin

Felicidade – a prática do bem-estar *Ricard Matthieu*

Filosofias da Índia *Heirinch Zimmer*

Gandhi – poder, parceria e resistência *Ravindra Varma*

Grinalda preciosa, A *Nagarjuna*

Habitar humano – em seis ensaios de Biologia-cultural
Humberto R. Maturana e Ximena Dávila Yáñez

Héracles - Eurípedes - Edição Bilíngue Grego e Portugês
Cristina Rodrigues Franciscato

História De Irena Sendler, A - A mãe das crianças do holocausto
Anna Mieszkowska

Imaginação moral, A *John Paul Lederach*

Jogos Cooperativos – O jogo e o esporte como um exercício de convivência
Fabio Otuzi Broto

Justiça Restaurativa *Howard Zehr*

Latino-americanos e o Tibete - harmonia na diversidade, Os
Aloma Sellanes Zibech

Livro tibetano do viver e do morrer, O *Sogyal Rinpoche*

MÁSCARAS DE DEUS, AS *Joseph Campbell*
    MITOLOGIA PRIMITIVA — VOL. 1
    MITOLOGIA ORIENTAL — VOL. 2
    MITOLOGIA OCIDENTAL — VOL. 3
    MITOLOGIA CRIATIVA — VOL. 4

MEDITAÇÃO E COMPREENSÃO DA MENTE *Geshe Lhakdor*

MENTE ZEN, MENTE DE PRINCIPIANTE *Shunryu Suzuki*

MITOS E SÍMBOLOS NA ARTE E CIVILIZAÇÃO DA ÍNDIA *Heirinch Zimmer*

NÃO VIOLÊNCIA NA EDUCAÇÃO *Jean-Marie Muller*

OLHOS DO CORAÇÃO, OS *Laurence Freeman*

ORAÇÃO CENTRANTE — RENOVANDO UMA ANTIGA PRÁTICA *M. Basil Pennington*

PAIXÕES DO EGO, AS *Humberto Mariotti*

PARA UMA PESSOA BONITA — CONTOS DE UMA MESTRA ZEN *Shundo Aoyama Rôshi*

PEDAGOGIA DA CONVIVÊNCIA *Xesús R. Jares*

PODER DA PARCERIA, O *Riane Eiler*

PODER DO MITO, O *Joseph Campbell*

PRINCÍPIO DA NÃO VIOLÊNCIA, O *Jean-Marie Muller*

PROCESSOS CIRCULARES *Kay Pranis*

QUESTÃO ANCESTRAL — ÁFRICA NEGRA *Fabio Leite*

RESGATE DA UTOPIA, O *Henrique Rattner*

SAN JUAN DE LA CRUZ *Patricio Sciadini*

TRANSCENDER E TRANSFORMAR — UMA INTRODUÇÃO AO TRABALHO DE CONFLITOS *Johan Galtung*

TRANSDISCIPLINARIDADE *Ubiratan D'Ambrosio*

TRANSFORMAÇÃO DE CONFLITOS *John Paul Lederach*

Trocando as lentes – um novo foco sobre o crime e a Justiça – Justiça Restaurativa *Howard Zehr*
Valor das emoções, O *Michael Stocker e Elizabeth Hegeman*
Yoga – imortalidade e liberdade *Mircea Eliade*

Impressão e Acabamento
Intergraf Indústria Gráfica Eireli